천국과 지옥이 실제로 있음을 세상에 외치다!

16명의 성도들이 보고 온

천국과 지옥

박요셉

하늘빛출판사

▌서문

　하나님께서는 어느 날 갑자기 부족한 저에게 40일 금식 기도를 하라고 하셨습니다. 그래서 저는 그 음성에 순종하여 40일 금식 기도를 하기 시작했습니다. 40일 금식 기도를 통하여 하나님께서는 저로 하여금 철저히 회개하게 하시고, 성령님께서 일하시는 데에 걸림돌이 되는 저의 육적, 혼적 자아가 죽게 하시고, 성령으로 기름 부으셔서 성령의 놀라운 역사들이 나타나게 하셨으며, 40일 금식 기도 후에는 20여명의 성도들이 천국과 지옥을 보고 올 수 있도록까지 은혜를 베푸셨습니다.

　이들은 천국에 가서 예수님을 만나기도 하고, 성경의 인물들을 만나기도 하면서 천국이 얼마나 아름답고 사랑과 소망이 있는 곳인지 보고 왔으며, 지옥에 가서 지옥의 참혹한 광경들을 목도하면서 울고, 통곡하고, 영혼 구원의 절박함과 중요성을 확인하고, 영혼 구원에 힘쓰라는 예수님의 간곡한 부탁을 받고 돌아왔습니다.

이 책은 천국과 지옥을 다녀온 성도들의 간증을 모은 것입니다. 천국과 지옥은 이 땅에서 경험할 수 있는 것이 아닌데다가, 천국과 지옥을 다녀온 사람들 중에는 나이가 어린 7세부터 시작해서 초등학생, 중학생들도 있어서 간증하는 이들의 표현이 조금은 부족할 수도 있어서 이 책의 내용들을 모두 받아들이기 어려울 수도 있으나, 수많은 영혼들이 구원 받아 지옥에 오지 않기를 원하시는 예수님의 마음을 느끼시길 기도합니다.

천국과 지옥을 다녀온 분들의 책들이 이미 있음에도 불구하고 이 책을 출판해야 하는 이유에 대하여 주님께서는 "천국과 지옥에 대한 간증은 많을수록 좋다. 천국과 지옥을 다녀온 사람들의 간증이 많을수록 천국과 지옥이 실제로 존재함을 증거하는 것이기 때문이니라."고 말씀하시면서 "이 책을 통하여 천국과 지옥이 실제로 존재함을 세상에 외쳐라!"고 하셨기에 두렵고 떨리는 마음으로 천국과 지옥이 실제로 존재함을 외치며, 간증하는 16명의 성도들이 천국과 지옥이 실제로 존재하는 것에 대한 증인이고, 이 책이 그 증거입니다. 또한 우리들이 지옥에 가지 않게 하시기 위하여 예수님께서 십자가에서 피 흘려 죽으심으로써 우리의 죄를 용서하셨으며, 예수님을 믿음으로써 죄 용서를 받아서 지옥에 가지 않는 것도, 막연한 상상이나 관념적인 일이 아니라, 실제적이고 현실적인 일입니다.

간증하는 성도들의 이름을 편의상 예명으로 사용했음을 말씀드리며, 원하옵기는 이 책을 읽는 모든 분들이 예수님을 구주로 영접하여 죄 용서를 받아서 천국 백성이 되길 소원합니다.

2022. 12. 25
온 인류의 죄를 용서하시기 위해 이 땅에 오신
예수님을 기념하는 성탄절 아침에

박요셉 목사

차
례

I

16명의 성도들의 천국과 지옥 간증

고순종 성도

오후에 집에서 식탁을 지나가려는데 "여기 좀 앉아 보거라" 하는 음성이 들렸다.

식탁 의자에 앉으니 식탁 한쪽에 있는 장식 꽃이 보였다.

예수님께서 말씀하셨다. "내가 꽃밭에 데려가 줄까?"

"예, 예수님. 저는 예수님의 신부잖아요. 꽃밭에 데려가 주세요. 예수님과 춤도 추고 싶어요."라고 말하는 내 눈에 눈물이 글썽글썽 고였다.

예수님께서는 "그러마" 하고 약속해주셨다.

나를 꽃밭에 데려가 주신다는 주님의 말씀을 생각할수록 오후 내내 기분이 좋았다.

"주님." 하고 마음에 불러보면 마음이 좋아지고 저절로 미소가 지어졌다.

새벽에 목사님께 기도를 받았다. 바다가 보였다. 바다에서 예수님이 나를 씻겨주셨다. 내가 "머리도 씻겨주세요" 하니까 바가지 같은 것으로 머리에 물을 부어주셨다.

그리고 꽃밭에 갔다. 예수님께서 신사가 숙녀에게 하듯이, 몸을 숙이고 손을 길게 뻗어 "나와 함께 춤을 추시겠습니까?" 하시며 포즈를 취하셨다. 나는 감사하고 기쁜 마음으로 예수님과 춤을 추었다.

예수님께서 "나의 사랑, 나의 신부"라고 불러주셨다. 나를 안고 빙빙 돌기도 하셨다. 나는 천국의 아름다운 꽃 향기에 취해 혼자 빙그르 돌며 좋아하기도 하였다.

춤을 다 추고 난 후 예수님께서는 "잘가라, 내 딸아" 하고 말씀하셨다. 나를 "딸"이라고 말씀하신 것이다.

나의 영적 아버지가 되셔서 내 연약함을 받아주시는 따뜻함이 느껴지며 눈물이 나왔다.

김믿음 성도

목사님의 안수를 받자 성령님께서 강력하게 임재하시는 것을 느꼈다. 내 속에서 큰 소리가 터져 나왔는데 소리의 톤이 높아졌다. 내 영혼에서 터져 나오는 소리였다. 그러면서 내가 하나님 중심으로 생각하거나 행동하지 않고 사람 중심적으로 생각하고 행동들을 한 것에 대한 회개가 터져 나왔다. 그래서 그러한 생각과 삶들을 회개하면서 하나님 중심으로 생각하고 행동할 수 있도록 기도하였다.

그 후 예수님이 천국에서 면류관 쓰고 계시는 모습이 보였다. 그 면류관은 왕관처럼 아주 멋있었다. 그리고 내가 천국에 들어갔는데 희고 멋진 드레스를 입고 있었고, 예수님과 같이 꽃밭을 걸었는데 '천국이 이렇게 아름다운 곳이구나…' 하며 감탄이 저절로 나왔다. "예수님 저에게 말씀해주세요"라고 하자 "내가 네게 새 옷을 입혀 주었다"고 하시며 "나의 일을 위해서 준비하라. 많은 영혼들을 맡겨주겠다"고 말씀하셨다.

내가 "지옥도 보여주세요" 했는데 잠시 후에 어둠의 골짜기를 지나가게 되었다.

사람들의 몸과 얼굴은 안 보이고 입들과 혀들만 보였는데 마귀가 못으로 그 혀들을 찌르자 혀가 둘로 찢어졌다.

끔찍한 모습을 본 나는 "예수님, 저들은 왜 저런 형벌을 받나요?" 묻자 "저들은 내가 준 입으로 거짓말을 했고, 남을 험담하고 비방했기 때문에 저런 형벌을 받는 것이란다"고 말씀하셨다. 그리고 아주 크고 동그란 뜨거운 철판 위에서 수많은 벌거벗은 사람들이 얼굴이 일그러진 모습들을 하고 이쪽저쪽으로 뛰어다니는 형벌을 받고 있는 모습도 보였다. 참으로 끔찍하였다.

02 어제와 같이 지옥에 갔다. 지옥 입구에 수많은 사람들이 고개를 숙이고 힘없이 기다리고 있었다. 나도 그 줄에 서 있었다. 내 차례가 되어서 지옥에 들어갔는데 뱀과 악어가 섞어진 모양의 괴물 같은 것이 "훅"하고 숨을 들이마실 때 그 입 속으로 한 사람씩 빨려 들어갔는데 그 괴물 뒤편의 통 같은 곳으로 도깨비불같은 머리만 나왔다. 그리고 저 만치 불구덩이가 보였는데 사람들이 그 불구덩이로 떨어졌다. 그런데 잠시 후에 "쑥" 하고 도깨비불같은 머리가 올라와서 돌아다니고 있었다.

그리고 주위에 새까맣게 탄 산들이 있었는데 바닥에는 수없이 많은 조그마한 벌레들이 바닥에 깔려 있었다. 앞에 있는 사람들이 한쪽으로는 뱀과 악어 같은 괴물의 입 속으로 들어갔고, 다른 사람들은 불구덩이로 떨어졌다. 점점 내 차례가 되자 나는 두려워서 "난 아니야, 나는 여기 있을 사람이 아닌데 내가 왜 여기 있는 거야…" 하며 발버둥을 쳤다. 그러자 그 순간 내 몸이 지옥의 입구로 이동되었다. 그런데 지옥에서 한 명이 없어졌다고 마귀들이 난리가 났다. 아마도 없어진 나를 찾으려고 혈안이 된 것 같았다. 나는 빨리 도망치려고 발버둥을 쳤는데 순간적으로 내 몸이 천국의 입구로 이동되었고, 두 천사가 나타났다. 두 천사들은 나를 천국에 있는 꽃밭으로 데리고 갔는데 그 꽃밭에는 수많은 종류의 꽃들이 여러 모양을 하고 있었다. 그곳엔 많은 사람들이 있었는데 내가 가자 그들이 비켜주어서 내가 그 꽃밭을 볼 수 있도록 해주었다.

천사들과 함께 날아다니며 넓은 꽃밭의 꽃들을 구경한 뒤, 천사가 나를 어딘가로 데리고 갔는데 천국에서만 마실 수 있는 물을 투명한 컵에 담아다 주어서 모두 마셨다. 꿀처럼 달았는데 내 몸에 스며드는 것 같았다. 그런 다음 천사들만 모여 있는 곳으로 데리고 가서 나를 내려놓고는 춤을 추는 모습을 보여주기도 하고 내 옆에 와서 내 몸을 만지곤 했다. 그러자 나는 소리를 지르면서 웃었다. 천사들이 내 주위를 둘러싸니 온통 천사들만 보였다. 그들과 함께 큰 소리로 웃다가 교회로 다시 돌아왔다.

오늘도 지옥에 다녀왔다. 지옥문 입구에 많은 사람들이 *03* 줄 서 있었고, 나도 그 대열에 끼어 서 있었다. 여기저기에서 들려오는 귀신들의 소리, 사람들의 울부짖음 등에 질겁했다. 내 차례가 되어 지옥 안으로 들어갔는데 바닥에는 온통 더러운 벌레들로 가득 차 있었으며 벌레들 때문에 도저히 걸어다닐 수가 없었다. 그리고 불구덩이에 빠져 들어가는 사람들을 보았는데 놀라지 않을 수 없었다. 불구덩이에 빠진 사람 가운데는 몸통은 없고 머리통만 있으며 그 형상은 도깨비와 같은 사람들이 있었다. 눈동자는 빨간색이었으며 머리는 앞뒤로 분산되어 쭈뼛쭈뼛 서 있었다.

지옥 안에는 검게 탄 산이 깊은 계곡을 이루고 있었으며, 그 높이도 어마어마하게 높아서 산의 정상을 볼 수가 없을 정도였다. 산 너머 골짜기마다 연기와 함께 불구덩이가 있었으며, 그 골짜기에도 수많은 벌레들이 득실득실했다. 나는 두려움 가운데 이 산 저 산을 넘나들었다.

나는 지옥에 왔으니 내 친구가 지옥에 있는지 궁금하였다. 그 친구는 3년 전 간암으로 이 세상을 떠난 친구였다. 그 친구는 평소에 술을 좋아했고, 행사장마다 부엌부터 모든 칼들을 다 가지고 다니면서 팔고 다녔기 때문에 지옥에 왔으리라는 생각을 했었기 때문이다. 그 친구가 어떤 모습으로 있을까 궁금했으나, 갑자기 그 친구의 모습이 잘 떠오르지 않았고, 무섭기도 하고 겁도 나서 그냥 찾아보지 않기로 했다.

그런데 너무 깊은 골짜기에 들어온 것 같아 길을 잃었고 출구가 어디 있는지 찾을 수가 없었다. 벌레들은 내 몸을 타고 따라다녔으며, 나는 그 벌레들과 싸우고 지옥문 입구를 찾아 헤매고 다녔다. 불구덩이에는 여전히 사람들이 빠져서 고통을 당하고 있었다.

지옥문을 향해서 한참을 찾아 헤매던 중 잠깐 뒤돌아보았는데 뱀 한 마리가 나를 향해 달려오더니 내 입안으로 '쏙' 들어오는 것이었다. 나는 깜짝 놀라서 그 뱀을 입에서 빼내려고 온 힘을 다해서 필사적으로 노력했으나 뱀은 내 입속으로 들어오고 말았으며, 너무 놀라 소리를 지르는 순간 나는 지옥에서 나올 수가 있었다. 너무나 놀란 내 몸에서는 식은 땀이 흐르고 있었다.

04 오늘도 지옥에 갔다. 많은 사람들이 축 처져 있는 어깨를 하고 고개를 숙인 채 지옥문을 향하여 줄 서 있었으며, 오늘은 예수님께서 친히 나를 데리고 지옥 안의 감옥 같은 곳을 구경시켜 주셨다. 철창 안에서 살이 찢겨진 채 신음하는 여인을 보았다. 그 여인의 얼굴에는 불에 그을린 자국이 보였고, 살 일부는 불에 탄 흔적이 있었고 살점이 떨어져 나간 곳도 보였다.

"예수님! 살려주세요. 이제 예수님만 믿겠습니다. 살려 주세요!"

애원하는 모습을 보니 너무 안쓰러워서 내가 가서 꺼내주고 싶었다. 그러나 예수님은 "이미 때가 늦었느니라"고 단호하게 말씀하시고, 나를 다른 방으로 데리고 가셨다. 그곳은 여자들만 있는 방이었는데, 벌레들이 여자들의 입과 귀, 눈, 코 속에 들어가 마구 닥치는 대로 뜯어 먹고 있었다. 고통과 두려움 가운데 살려달라고 울부짖는 모습이 너무나 처절하게 보였다.

또 다른 방에 갔다. 이번에는 고통받고 신음하던 한 여자가 예수님을 보더니 철창을 잡고 마구 흔들면서 살려달라고 하면서 이곳에서 내보내 달라고 애처롭게 울부짖었다.

그동안 밖에서 살면서 사탄한테 꼬임에 빠져 예수님을 믿지 않고 살았는데 이제부터라도 예수님 믿고 살 터이니 살려달라고 애원했다. 그 여자는 눈이 충혈되어 빨간 눈을 하고는 예수님께 간곡히 부탁했다. 그러나 예수님은 단호히 말씀하셨다. "너는 이미 때가 늦었느니라. 그동안 많은 사람들이 너에게 예수 믿어야 한다고 전도했을 때 너는 나를 믿지 않고 무당을 불러 굿을 했고, 점을 쳤으며, 하나님을 우롱했으니 어쩔 수 없단다." 이렇게 말씀하시고 돌아섰다.

예수님을 뒤따라가면서 불쌍한 그 여자를 뒤돌아보니, 헉! 그 여자는 눈에서 불이 튀면서 몸까지 사라지고 말았다. 정말 끔찍했다. 무서웠다.

"예수님! 살려주실 수 있는 방법은 없나요?? 너무 불쌍해요." 그러자 예수님께서 말씀하셨다.

"죽기 전에 늦게라도 죄를 회개하고 내게 돌아오면 다 살 수 있단다. 회개만이 살길이란다. 그러나 일단 죽고 나면 아무리 회개해도 안 되느니라!"

05 오늘은 천국에 갔다. 마차를 타고 갔다. 내가 탄 마차는 옆 부분과 앞 부분이 모두 다이아몬드로 장식된 너무 멋지고 찬란한 마차였다. 내가 탄 마차는 성안으로 들어갔다. 성안에는 많은 사람들이 즐겁게 놀고 있었다. 처음 내가 보았던 예쁜 꽃들이 성안을 장식하고 있었다. 천사들의 안내를 받아 내가 영원히 살 곳인 내 집을 보았다. 내 집은 지어져 있었다. 천사들이 또 짓고 있었다. 나는 자리를 옮겨 다니면서 천사들과 노래하고 춤추며 놀았다.

천사들은 내가 계속 웃도록 즐겁게 해주었다. 성안에는 푸른 냇물이 보였다. 너무 깨끗했다. 그리고 성 변두리에 많은 사람들이 있었는데, 허름한 옷을 입은 사람들이 많이 있었다. 그러나 즐거워 보였다.

06 오늘은 지옥에 갔다. 예수님께서 함께 동행해주셨다. 불구덩이 주변의 철창에 갇혀 있는 남자를 보았다.

"예수님! 저는 예수님이 오실 줄 알았습니다. 저를 이곳에서 꺼내

주세요, 오랫동안 회개하고 있었습니다." 철창 안에 뼈만 앙상하게 남은 남자는 울부짖으며 소리치는데 구더기가 온몸을 파먹고 있었다. "불쌍한 영혼아, 아직도 회개하지 않고 거짓말과 죄로 가득 차 있구나. 너는 종종 예수님을 믿고 구원받으라는 말을 들었으나 그때마다 그 소리를 무시했고 하나님께서 주신다는 구원을 우습게 여겼다. 일단 여기에 오고 나면 이미 때가 늦었느니라." 예수님은 이 땅에서 예수님을 믿어야만 구원받을 수 있음을 말씀하셨다.

또 다른 곳으로 옮겼다. 여자들만 있는 곳에는 많은 사람들이 철창 안에 비참하게 죽어가고 있었다. 어떤 여자가 예수님께 창살을 흔들며 매달렸다. "살려주세요, 여기에서 나 좀 꺼내주세요…" 울부짖었다. 그러자 예수님께서 "너는 평소에 물 마시듯이 죄를 지었고, 술집과 나이트 클럽에서 술을 마시고 노는 것을 예수님보다 더 좋아했구나." 예수님 말씀이 끝나기도 전에 그 여인은 눈에 빨갛게 핏발을 세우며 소리소리 지르며 살려달라고 울부짖었다. 그 순간 눈은 불에 타버리고 어디론가 사라졌다.

다른 방에 가보았다. 그곳에는 뼈만 남은 영혼들이 갇혀 있었다. 그 여인들은 복음을 듣고 진리의 길을 알고서도 회개하지 않은 사람들로 가득 차 있었다. 어떤 여자는 뼈에 붙어 있는 구더기를 손으로 하나씩 떼어먹고 있었다. 그리고 어떤 여인은 예수님을 보더니 울기 시작했다. "예수님, 저는 회개합니다. 용서해주세요!" 하고 외쳤다. 그러나 예수님은 "너는 나 아닌 다른 신을 섬겼구나. 이제는 늦었느니라.”

　다른 방을 가보았는데 그 방에는 여자들의 살이 타는 냄새로 가득 차 있었다. 온 몸이 불에 타고 그을려서 살이 떨어져 나간 사람들도 있었다. 예수님과 나는 그곳에서 꺼내 달라고 애원하는 여인들의 울부짖음을 뒤로 하고 돌아섰다. 나는 예수님께 “예수님, 저 사람들 너무나 불쌍해요, 저들을 살려주실 수 없나요?” 그러자 예수님께서는 “죽기 전에 살아 있을 때 죄를 회개하고 나를 믿어야만 구원을 받을 수 있느니라. 그러니 쉬지 말고 기도하며 전도하거라! 죽은 후에는 이미 늦으니라. 사람이 언제 죽을지 아무도 모르느니라. 그러므로 속히 회개하고 나를 믿도록 전도하거라. 이것이 내가 네게 지옥을 보여주는 목적이란다.”

　나는 영혼 구원의 중요성을 피부로 느끼며 깨닫게 되었다.

07　오늘도 지옥에 갔다. 어제처럼 불 못에 빠져 있는 사람들, 벌레에 잡아먹히고 있는 사람들, 뱀에게 몸이 칭칭 감겨서 숨을 잘 못 쉬어 고통당하는 사람들, 펄펄 끓는 물에 던져져서 고통받는 사람들, 벌레들이 살을 갉아먹어 뼈만 앙상히 남아 있는 사람들, 칼로 온몸이 난도질을 당하는 사람들, 여기저기 고통받으며 울부짖는 사람들의 처참한 모습을 안타까운 마음으로 보고 돌아왔다.

'제발, 살아 있을 때 모든 영혼들이 예수님을 믿고 구원을 받아야 하는데…'

목사님의 안수 기도를 받자 예수님이 보였다. 그런데 예수님의 얼굴 모습은 안 보이고 뒷모습만 보였는데, 예수님께서는 천국으로 가고 계셨다. 그래서 나도 그 뒤를 따라갔다. 천국 문에 들어가니 푸른 초원도 있었고, 아이들도 있었고, 많은 집들이 보였는데 그 집들은 2층, 3층, 4층 등 다양했다. 그리고 사람들이 보였는데 그들은 그 집안에서 자기 일들을 열심히 하고 있는 것이었다. 각 사람들이 자기 상급대로 집을 분양(?) 받고 또 천국에서는 노는 것이 아니라 각자 자기 맡은 일들을 한다는 것을 깨달았다.

그리고 '예수님은 왜 나에게 얼굴을 안 보여주시고 뒷모습만 보여주시지?' 하는 의문이 있었는데 '아! 내가, 베드로처럼 주님의 뒤를 멀찍이서 따라다니지 말고(마26:58), 주님과 함께 동행해야겠구나!'라는 깨달음이 왔다. 주님보다 앞서가서도 안 되고 주님보다 뒤처져서 따라가는 것도 아닌, 에녹과 같이 동행해야 주님 오시는 날 들림 받을 수 있음을 깨닫게 되었다.

"에녹이 하나님과 동행하더니 하나님이 그를 데려가시므로 세상에 있지 아니하였더라"

(창 5:24)

김예은(7세)

기도하며 눈을 감고 있는데 바로 예수님이 오셔서 흰 옷을 입혀 주시고 날개도 달아주신 뒤 "예은아, 천국으로 가자"고 말씀하셨다. 예수님과 함께 천국에 갔는데 천사들이 "예은아, 안녕?"하며 나를 환영해주었다.

예수님과 함께 안으로 들어가서 과자, 쿠키, 과일, 메론, 파인애플들을 먹었는데 여기보다 더 맛있고, 이곳과는 좀 다르게 생겼었다.

그리고 예수님과 함께 지옥에 갔다. 뜨거운 불이 타고 있었다. 불구덩이가 컸다. 마귀들이 서로 "저 사람들을 불에 태우자"고 했다. 마귀들이 2명을 넣었다. 그러자 그들이 뜨거워 죽겠다고 소리쳤다. 그들은 부모님 말씀 안 들어서 온 사람들 같았다.

다시 천국에 갔는데 얼마 전에 돌아가신 증조 할머니가 계셨다. 할머니가 "예은아 어떻게 여기에 왔니?"라고 물어보시길래 "예수님이 절 데리고 오셨어요."라고 대답했다. 나는 예수님께 "예수님, 우리 아빠랑 오빠도 천국에 와도 되나요? 오게 해주세요."라고 부탁했다.

예수님께서는 "그래, 알았어. 네가 기도 많이 하거라"라고 대답해주셨다. 천사 한 명과 함께 날개 달린 옷을 입고 돌아왔다. 헤어질 때 천사가 "예은아, 잘 가, 다음에 또 와~"라고 말했다. 나도 인사했다. "굿 바이~"

김은혜 집사

01 월요 임마누엘 예배 중에 성령의 임재하심이 강하여 내 구주 예수님을 향한 감사로 목이 메었다. 나를 이곳에 있게 하신 그 사랑이 너무 감사했다. 목사님의 안수 기도를 받자 평안이 온몸을 감싸더니 어느덧 예수님의 손을 잡고 어린아이처럼 폴짝폴짝 뛰며 가고 있었다. 개인적으로 가장 좋아하는 장면이다. 곧바로 빛이 쏟아지는 문을 열고 반갑게 맞이하는 꽃들을 지나 유리 같은 바다에 갔다.

예수님께서는 내가 그토록 소망하는 씻음 즉, 거룩함을 위한 침례식을 해 주신다며 흰 옷을 입혀 주셨고, 손을 잡아 물아래로 온몸이 잠기게 하셨다. 나를 향한 깊은 예수님의 이해와 사랑에 눈물이 났다. 물속에서 한참동안 서 있었다. 그곳에서도 나를 사랑하시고 돌보시는 예수님의 사랑이 느껴졌고, 말하지 않아도 영으로 대화가 가능했다.

나를 사랑하셔서 날 향해 어여쁜 신부라고 하실 때 울컥 눈물이 났고, 기도에 대해서, 교회에 대해서, 많은 말씀을 노래처럼 들려주실 때, 내 온몸과 맘에 돋았던 뾰족한 촉수들이 하나하나 떨어져 나가고 씻어지고 있었다.

내가 더 깊은 임재 가운데로 들어가도록 목사님이 기도해주실 때 예수님은 목사님 향한 마음을 들려주셨다. "내가 얼마나 사랑하는 아들인지 꼭 전하라"고 말씀하셨고, 신랑이 그 사랑하는 신부에게 아무것도 감추지 않고 모든 것을 공유하듯 목사님을 향해 그리할 것이라고 말씀하셨다.

그 후 다시 주님과 아름다운 정원에 갔는데, 나는 꽃을 가지고 노는 것에 열중하는데 예수님께서는 계속 말씀하셨다. 지금 생각해보니 정말 나에게 얼마나 말씀하시고 싶으셨는지, 얼마나 들어주는 자를 기다리시는지 알 것 같다.

마지막에 큰 독수리 위에 날 태우시고 예수님이 넓은 품으로 덮으시더니 날아서 예배당에 데려다주셨다.

02 임마누엘 선교회 월요 모임 중 목사님의 기도를 받으며 깊은 주님과의 교제를 위해서 기도했다. 혼자 주님을 기다리는데 옆에 가까이 앉으셨다. 물끄러미 바라보시며 "가자!" 하시는데 감히 선뜻 나서지지가 않았다. 참 이상한 느낌이었다. 좀

다른 분위기가 느껴지면서 축축하고 어둡고 우울한 어둠 속에 와 있다는 걸 알았다.

'이곳이 지옥이구나!' 하는 생각이 들어 두려움 가운데 주님을 찾았다. "주님, 두려워요, 어디에 계세요?" 그러자 "두려워 말라"고 하시며 주님께서 내 길의 빛이며 내 발의 등이심을 상기시켜주셨다. 한 걸음씩 천천히 앞으로 내디뎠다. 위험한 절벽길 엄청나게 좁아 자칫하면 떨어질 듯싶었다. 무서워서 수시로 주님을 불렀다. 그때마다 곁에 계심을 확인시켜 주셨다.

어마어마하게 큰 돔형 건물이 있었다. 한가운데 커다란 불이 타오르고 많은 마귀들이 둘러앉아 먹고 마신다. 층층 마다 빙 둘러가며 칸칸이 막힌 방들이 있고 방들마다 갖가지 형태의 형틀과 고문 도구들이 갖춰져 있었다.

제일 윗 층 첫 번째 방 앞에 멈춰섰다. 흰머리를 여자처럼 늘어뜨린 외할아버지가 그곳에 계셨다. 마귀들이 외할아버지의 몸에서 살을 한 점도 남김없이 뼈만 남도록 각을 뜨며 발라내고 있었다. 외할아버지는 그 고통을 견디지 못해 연신 소리를 지르고 계셨다. 외할아버지의 그런 모습을 보니 도저히 볼 수가 없었다.

두 번째 방에 가보니 외삼촌이 그곳에 계셨다. 외삼촌은 거꾸로 매달려 살이 녹아져 바닥으로 흐르고 있었다. 갑자기 아무런 느낌도 생각도 없이 통곡이 속에서부터 올라왔다. 울면서 깨닫는다. 후회했다. 외삼촌에게 예수님을 전할 수 있었는데, 전해야 했었는데… 외삼촌 돌아가시기 얼마 전 병원에서 삶에 낙심하고 자녀로 인해 상처받은 모습 뵈었었는데, 왜 전하지 않았지? 왜? 왜? 왜? 그곳에 가득한 절망감, 끝이 없는 고통, 내일이 없다는 것, 잠시 동안도 그곳에 있는 것이 너무나 힘겨워서 숨이 막힐 것 같다. 많이 많이 울었다. 너무나 고통스러워서 "주님, 저를 여기서 건져주세요. 주님! 주님!" 한참을 찾자 주님께서 손을 잡아 천국으로 이끌어 주셨다. 그리고 지옥에 계신 외할아버지와 외삼촌으로 인해서 고통 가운데 울고 또 운 나를 위로하시며 깊은 물에서 씻어주셨다. 그래도 눈물이 그치지 않았고 내 마음은 계속해서 슬펐다. 내 맘 깊이 지옥의 느낌이 스며들었고, 지옥에서 본 외할아버지와 외삼촌의 모습들이 잊혀지지 않으리라 생각이 들었다.

주님께서 말씀하셨다. 복음을 전하도록 하기 위해서 보여주시는 것이라고. 나는 "아멘!"으로 화답하며 "예수님을 전해서 사람들로 하여금 절대로 지옥에 가지 못하게 해야겠다"고 굳게 다짐했다.

예수님께서는 신선하고 상쾌한 천국의 이곳저곳을 함께 거닐며 계속 말씀하셨다. 나는 어린아이 같아서 아무거나 질문했는데, 조급하게 질문했고 내 생각이 주님보다 자꾸 앞서 간 걸 깨달았고, 그럼에도 불구하고 그런 나를 용납해주시고, 세심하게 배려해주시고 죄송스러울 만큼 한 말씀 한 말씀을 조심스레 전달해주신 주님의 사랑을 깨닫고 이제부터는 주님이 기뻐하시는 대로 주님이 원하시는 삶을 살아야겠다는 마음이 들었다.

예수님은 우리를 있는 그대로 사랑하시지만 유익을 끼치지 못하는 사람의 육적인 냄새를 경계하신다. 개성도, 성격도 악취로 작

용한다면 주장치 말라고 하셨다. 주님은 사람의 육적인 냄새를 싫어하신다. 그로 인해 연합을 깨뜨림을 안타까워하신다. 좋은 모델로 목사님을 지명하신다. 물 같은 성품의 목사님이 좋으시다고 말씀하셨다.

큰 공은 미는 힘도 커야 하고 처음 움직임도 굼뜨지만 일단 가속도가 붙으면 무엇보다 빨리 목적지에 도착하듯 우리 교회의 행보(미래)도 이와 같으리라 말씀하셨다.

많은 말씀을 들려주심에 감사하며 열심히 들었다. 무엇을 타고 갈지 스스로 정하라 하셔서 새를 좋아한다고 말씀드렸더니 커다란 흰 새가 날아왔다. 그러자 나의 조급한 고정관념이 발휘되어서 '저 새가 흰색이니까 비둘기일 거야'라고 생각하고 "예수님, 저 새 비둘기죠?" 했더니 빙긋이 웃으시면서 "독수리다"고 말씀하셨다. 나는 다시 한번 깨트려져야 할 내 모습을 보았다.

주님과 함께 교회로 왔다. 주님께서는 교회 구석구석까지 살펴보시고 말씀하셨다. "이 교회는 내가 너무나 사랑하는 교회이니라."

마음이 넉넉하시고 굉장히 긍정적이시고 재미있기까지 하신 예수님께서는 "또다시 만나자!"고 말씀하시고 떠나가셨다.

03 주님은 항상 바로 내 곁에서 부드럽게 웃으시며 기다리신다. 오늘은 흰 날개옷을 입혀 주셨다. 큰 날개 밑에 작은 날개가 달린 날개옷이다. 이 옷을 입으니 예수님 손 잡지 않고

도 그 곁에서 예수님과 함께 날아갈 수 있었다. 활짝 열린 천국 문을 통과하고 밝은 우윳빛 광채가 가득한 그곳에서 나는 특별히 주님께 느헤미야와 에스라를 만나게 해달라고 말씀드렸다.

예수님께서 그 이유를 물으셔서 "요즘 QT 통해 느헤미야의 인격과 리더쉽의 기름 부음을 받고 싶고, 에스라의 깊은 성경 지식과 지혜를 배우고 싶다"고 말씀드렸다.

그러자 예수님이 허락하시어 그들이 왔는데, 느헤미야는 풍채가 늠름하고 키가 컸으며, 에스라는 아담하고 부드러운 인상이었다. 그들은 예수님께 절하고 경배했고, 예수님은 나를 그들에게 소개했다.

내가 그분들에게 기도해달라고 부탁하자 그들은 예수님을 보았고 예수님은 고개를 끄덕이셨다. 그러자 느헤미야는 직접 큰 그릇으로 기름 부으며 기도해 주었고(강력했다), 에스라는 안수하며 기도해 주었다.

기도를 받는 순간 각자가 맡은 부분의 성벽을 쌓아 가는 이스라엘 백성들의 모습과 율법과 그 말씀을 듣고 우는 그들의 심정이 내게 밀려왔고, 내 안에서 그들이 울었던 그 눈물이 내 안에서 회개와 감사와 감격과 기쁨 등과 같이 주님을 향해 솟구쳤다.

나는 그들에게 감사를 드렸고 그들이 물러간 후 몸과 맘이 뜨거워서 주님께 마실 것을 구했다. 그러자 시원한 샘물로 인도해 주시는 좋으신 주님.

나는 맘껏(예쁜 날개옷 젖지 않도록 조심스럽게 한 손으로) 떠 마셨다. 달고 시원한 빨간 사과도 주셨다. 맛있게 먹고(주님은 기다리고 지켜봐 주신다) 여쭈었다. 우리 온비 교회의 미래를.

둘둘 말린 두터운 두루마리를 보여 주시며 어떤 미래가 궁금한지 물으셨다. 우리 교회가 가야 할 길과 해야 할 일이 이렇게 많은데 어느 부분이 궁금한지 물으셨다.

당연히 "교회 부흥이죠!"라고 말하였다.

그러자 각 사람이 감당해야 할 사명, 내가 맡은 부분의 성벽 재건을 떠올려 주시며 한 그림을 보여주셨다. 뜨거운 햇볕을 등지고 서 있는 큰 나무들. 그 나무 그늘에 몰려와 쉬는 사람들. 뜨거운 햇볕을 등지고 맡겨진 사명을 묵묵히 감당해줄 충성된 사람들. 이런 사람들이 많아질 때 사람들이 몰려와 영혼의 쉼을 얻을 거라는 것. 충성과 순종에 대해 다시 말씀해주셨다. 나는 주님께 감사하며 "아멘!!" 하고 답했다.

우리는 모두 영원한 나라로 간다. 이곳은 사명지일 뿐, 잘 해내야 하지만 내 힘만으로는 안 된다. 기도와 최선! 그 외에 무거운 짐은 다 벗어서 드리자! 기꺼이 받아주시는 주님께. 할렐루야!

04 다른 날과는 달리 복장도 모습도 경쾌하게 예수님께서 오셨다. 엄청나게 커다랗고 검은 독수리를 타고 하늘문 입구에 다다라 정결한 물로 온몸을 씻고, 흰 옷을 원했는데 빨간 드레스를 권하셔서 기쁘게 입었다. 주님께서는 내가 빨간 드레

스를 입은 모습을 보시고 "예쁘다"고 말씀해주셨다.

예수님의 손을 잡고 어떤 방으로 인도되었다. 주님은 '지혜와 계시'의 방이라 하셨다. 떠다니는 작은 빛들, 지혜가 인사를 했다. '지혜와 계시'의 영으로 기름 부음 받기를 간절히 원하자 기름 뿔로 기름 부음을 해주셨다. 빨간 드레스 위에 기름이 흘러내렸다. 나는 감사의 찬양을 드렸고, 천사들과 예수님이 기뻐하셨다.

우리 교회가 앞으로 나갈 길을 여쭤보았다. 그랬더니 5중 직분(사도, 선지자, 복음 전도자, 목사, 교사)을 교회에서 회복시키고 사람을 세우신다고 하셨다. 커다란 밭을 보이시는데, 다섯 가지 각기 다른 씨앗이 그곳에 구획별로 넉넉히 뿌려지고 무럭무럭 자라 튼실한 열매가 그득히 맺혔다. 그곳에 굶주린 자들이 몰려들더니 아주 맛있게 각양 열매들로 풍성히 배부르며 만족함이 넘쳤다.

그 밭의 터 위에 교회 건물이 세워졌다. 빨간 벽돌로 만들어진 교회이다. 건물인데 살아있다. 품을 열어 영혼들을 받았고 허리 숙여 섬기며, 씻기고 가르친다. 멋지고 합당한 교회라는 맘이 들었다.

김현숙 집사

01 　새벽 예배 때 목사님께서 기도해 주셨는데 내 몸이 바닥에 달라붙는 느낌이 들면서 내 안에 있는 무엇인가가 빠져나가는 느낌이 들었다. 그런 후에 왠지 기분이 좋지 않으면서 두근거림과 함께 무섭다는 생각이 들어 '지옥에 왔구나'하는 생각이 들었는데 정말 보고 싶지 않다는 마음이 자꾸 들었다. 하지만 어느새 어두침침하면서 좁은 길을 걸어가고 있었다. 그 아래에서는 수많은 사람들이 손을 뻗치면서 살려달라고 아우성을 쳤다.

　사람들 발밑에는 수많은 벌레들이 그들을 갉아먹고 있었다. 그런 모습을 볼 때 내 심장이 쿵쿵 뛰기 시작했고 참을 수 없는 눈물이 나왔다. 또 다른 곳으로 갔는데 이번에는 감옥에서 고통받는 사람들을 보았다. 그들은 나를 보자 창살 사이로 손을 내밀며 구해달라고 소리쳤다. 그리고 왜 예수님에 대해서 전해주지 않았냐고 나를 원망하는 것 같아 도저히 그곳에 있을 수가 없어서 주님을 찾았다.

얼마 후 내 마음이 지옥에서 심장이 요동치는 것과 달리 편안해졌다. 예수님이 천국으로 데리고 가셔서 내 몸을 깨끗이 씻어 주시면서 "때가 가까이 왔다"고 말씀하시며 "네가 보고 느낀 것을 그대로 사람들에게 전해라"고 하시면서 "그들이 믿든지 안 믿든지 복음 전하는 것이 우선이다"고 말씀하셨다. 그래서 "예수님, 저는 말주변이 없어요"라고 했더니 "있는 그대로 이야기하고 항상 내가 너와 같이 있다고 믿고 담대하게 나아가서 복음 전해라"고 하시면서 내 입안에 무엇인가를 넣어주셔서 먹었다.

그리고 우리 교회에 대해서 말씀하셨는데 앞으로 크게 쓰신다고 하시면서 목사님과 교회를 위해 더욱 헌신하며 나아가라고 말씀하셨다. 여러 가지 이야기를 나눈 후 큰 새를 타고 예수님의 배웅을 받으면서 교회로 돌아왔다.

02 임마누엘 기도 모임에서 목사님께 기도를 받은 후 한참을 누워서 기도를 했다. 이번 주에 휴가 가는데 친정 아버지께 천국과 지옥에 대해 증거할 수 있게 할아버지와 할머니를 보여 달라고 기도했다.

얼마 후 어두컴컴한 길을 혼자 걸어가고 있는데 수많은 사람들이 한 줄로 늘어서 있어서 보았더니 용광로처럼 생긴 곳에 한 사람씩 떨어지고 있었다. 얼마나 뜨거운지 내 몸도 그 열기를 느낄 수 있었다. 그런 고통을 받는 사람들 속에 우리 할머니도 계셨다. 할머니는 우시면서 "우리 막내아들에게 가서 절대 지옥에 오면 안 된다고 전해라. 이곳은 정말 올 곳이 못 된다. 하루빨리 예수님 영접하라고 말하거라!"고 하셨다. 나는 너무나 가슴이 아팠다. 나도 모르게 눈물이 자꾸 나왔다.

다음 장소에서는 엄청 새까맣고 큰 못 판에 사람들이 서 있기만 해도 몸이 녹아내리는 장면을 보았다. 그들의 아픔이 내게도 전달되었다. 우리 할아버지도 그 안에 계셨다. 나는 울면서 "주님, 지옥에 있는 사람들이 너무 불쌍해요. 어떻게 해야 돼요?" 했더니 "그러니까 지옥에 가지 않도록 많은 사람들에게 전해라"라고 말씀하셨다.

03 임마누엘 기도회 때 목사님께 기도 받은 후 누워있는데 두 천사가 내려와서 나를 데리고 천국으로 인도했다. 천국에 도착해서 천사들이 내게 옷을 입혀주었다. 천사들과 같이 꽃밭에 가서 꽃구경을 하던 중에 고3 때의 친구를 만나게 되었다. 친구는 고3 때 갑상선암으로 죽었는데 천국에서 보게 되어 너무 반가웠다. 그 친구는 천국은 기쁨만 넘치고 아픔도, 고통도 없고, 근심, 걱정이 없는 낙원이라고 하였다. 그러면서 나에게 전도 많이 하라고 하였다.

그 다음은 온통 하얀색으로 되어 있는 방으로 갔는데, 그곳에 천사들이 많이 모여서 교육을 받는 중이었다. 하나님 말씀도 배우고, 각자에게 맡겨진 사명에 맞게 여러 가지 훈련받아 천사들이 필요한 곳으로 보내진다고 했다. 내 몸이 너무 피곤해서 치유 받고 싶다고 했더니 수술대같이 생긴 곳에 누우라고 해서 누웠더니 천사들이 '삥' 둘러서 나를 위해 기도해 주었다. 천사들이 기도를 해주자 내 몸이 가뿐해진 것을 느꼈다. 나중에 안 사실이지만 내가 누워있는 옆에 김영* 사모님이 누워 계셔서 나를 보았다고 했다. 나는 보지 못했는데…

　그리고 시아버지를 만났다. 나를 반갑게 맞아주시면서 이곳에 어떻게 왔냐고 물으셔서 기도 받고 천사들과 함께 천국에 오게 되었다고 했더니 이곳은 기쁨이 넘친다고 하시면서 우리 애들이 주님을 믿지 않아 걱정이라고 하시면서 우리 큰 아들과 며느리 기도만으로 부족하다고 하시며 나보고 사랑으로 더욱 간절히 기도해 달라고 하셨다. 나는 그동안 형식적으로 기도한 것을 회개하게 되었다. 그리고 시아버지는 막내 아들에게 미안하다고, 자기 때문에 고생을 많이 해서 마음이 아프다고 하시면서 더욱 예수님 열심히 믿어 상급을 많이 쌓아 천국에서 집 짓고 살았으면 좋겠다고 하셨다.

04 철야 기도회 때 목사님이 안수 기도를 해주시면서 큰 독수리가 보인다고 하시며 큰 독수리를 타고 천국에 갈 수 있게 해달라고 하셨는데 정말 독수리가 와서 탔는데 무서워서 독수리 등에 딱 달라붙어 갔다.

지옥을 갔는데 무시무시한 사천왕 모습을 한 마귀가 보여서 여기는 어떤 자들이 오는 곳인가 주님께 여쭈어 보았더니 세상에 있을 때 우상숭배 하고 손으로 빌면서 절하는 자들이 벌 받는 곳이라고 하셨다.

그곳에는 자동으로 된 레일 위에 사람들이 서 있었는데 사천왕 마귀가 사람들의 두 손목을 자르고 있었고, 그 옆에는 물이 펄펄 끓는 가마솥이 있었는데 두 손목이 잘린 자들을 그 속에 집어넣었다. 그들은 울부짖으면서 왜 이런 고통을 당하게 하냐고 세상에 있을 때 얼마나 열심히 신을 섬겼는데 그러냐고 하니까 사천왕 마귀가 "너희들이 우리에게 속은 것이다"고 하면서 그들을 비웃었다.

주님은 "세상 사람들이 마귀에게 미혹 당하여 죄를 짓다가 이곳에 오지 않도록 복음을 열심히 전해라"고 말씀하셨다.

박드보라 자매

목사님의 안수를 받자 성령님께서 강력하게 임하셨다. 너무 강력해서 속이 뒤집어지는 것 같았다. 그리고 안 좋았던 몸의 아픈 곳이 치유되는 느낌이 들었다.

안수를 통해서 흘러들어 온 성령의 불이 계속 내 몸 안에 돌아다녔다. 그렇게 꽤 오랜 시간이 지났는데 예수님께서 오셔서 "드보라야, 천국에 가자"고 말씀하셨다. 몸이 많이 피곤해서 오늘은 천국에 가고 싶지 않았었는데 예수님께서 "많이 피곤하니?"하시며 위로해주셨다.

예수님과 함께 천국에 갔다. 천국에 들어가니 천사들이 '삥' 둘러서서 환영해 주었다. 그곳에는 많은 사람들이 있었다. 많은 천사도 모여 있었다. 성경에 나오는 인물들이 모여서 회의하고 있는 것도 보였다.

또 천국의 집을 열심히 짓는 천사들도 보았다. 예수님은 성도들이 하나님께 드리는 헌금을 중단할 때는 천국의 집이 올라가는 것이 중단되다가 헌금을 다시 드릴 때 천국의 집이 올라간다고 하셨다. 그리고 헌금을 드릴 때는 아무 생각 없이, 의무적으로 하지 말고 기도하며 감사함으로 드리라고 말씀하셨다.

목사님의 집을 보았는데 어마어마하게 컸으며, 면류관과 책들이 보였다. 그 책들에는 목사님이 이 땅에서 주님을 위해서 행하신 일들이 적혀 있는 것 같았다.

예수님은 천국에 행위록(계20:12)이 있다고 말씀해주시면서 성도들이 주님을 위해서 행한 일들에 대하여 뿌린 대로 상급을 주신다고 하셨다.

그리고 지옥에 갔다. 마귀들이 많은 사람들을 큰 주사기로 찌르고 칼로 난도질을 하며 고통을 주는 것을 보았다. '이들은 왜 이런 고통을 당하고 있는가?' 생각했는데 마음속으로 '마약을 했던 사람들이 당하는 고통이다'라는 깨달음이 왔다. 마귀들이 계속해서 몸에다 바늘 찌르고 칼로 계속 찌르자 그들이 마귀들을 피해서 도망 다니고 있었으나 마귀들은 계속해서 쫓아가며 고통을 주고 있었다. 참으로 끔찍했다.

또 다른 지옥의 모습을 보았는데 놀이공원에 가면 볼 수 있는 하늘 높은 곳에서 순간적으로 아래로 떨어지는 놀이기구 같은 것이 보였는데 검은 통으로 되어 있었다. 검은 통에 한 사람씩 들어가 있는데 하늘 높이 올라갔다가 갑자기 땅으로 떨어지자 그 속에 있는 사람들은 공포감으로 두려워서 벌벌 떨고 있었다. 이들은 우울증이나 혼자서 외로워하다가 자살한 사람들이었으며, 그들에게는 정신적인 고통이 가중되었다. 그리고 그 통 안에 있는 사람들이 나중에는 한 명씩 돌아가며 불구덩이에 빠지는 형벌을 받고 있었다.

이번에는 마귀들이 모여서 회의하는 것을 보았다. 마귀들이 말하기를 우리들이 밤마다 모여서 21일 작정기도회 할 때에 조그만 마귀들만 보내서 막으면 될 줄 알았는데, 21일 작정 기도회가 끝났는데도 그만두기는커녕 기도회가 더 커지고 아이들까지 천국과 지옥에 갔다 오자 이젠 대장 마귀까지 합세해서 우리 기도회를 막으려고 회의하고 있었다. 기도회를 하는 우리 사진을 내놓고 "어떻게 하면 기도회를 중단시킬 수 있을까?" 하며 구체적으로 작전을 세우고 있었다. 그 사진들 중에는 내 사진도 보였다.

다시 천국에 갔다. 천사들이 "평안을 너에게 주노라."라는 노래를 부르며 나를 위로해주었다. 나는 예수님 앞에서 율동을 하며 "예수님 찬양, 예수님 찬양, 예수님 찬양합시다~" 찬양을 드렸다. 예수님께서는 기뻐하시며 "근신하라 깨어라 너희 대적 마귀가 두루 다니며 삼킬 자를 찾나니 너희는 믿음을 굳게 하여 저를 대적하라"고 말씀을 주셨다.

그런데 천국에서도 우리 기도회를 보호하기 위하여 천사들이 모여서 회의를 하고 있는 것을 보았다.

주님께서는 "교회 안에 있는 성도들에게서 시험이 온다. 천국과 지옥을 갔다 오는 사람들을 시기하는 사람들도 생긴다. 기도하는 너희들은 하나가 되었지만, 너희가 보고 들은 것을 함부로 누설하지 말아라. 그러나 꼭 전해야 할 것은 전해라."고 말씀하셨다.

내가 너무 피곤해하자 예수님이 나를 손에 안고 내려오셔서 기도하고 있는 한 사람 한 사람에게 새 옷을 입혀 주시고 가셨다.

02 예수님과 천사들과 함께 올라갔다.

지옥에 갔다. 입이 잘리는 형벌을 받고 있는 사람들을 보았는데 그들은 입으로 말을 함부로 하거나 욕을 하거나, 입으로 범죄한 사람들이 당하는 형벌이라고 말씀하셨다.

그리고 크리스마스(25일)의 모습을 보여주시는데, 지구본을 보여주시면서 "크리스마스 때 술 먹고 노는 저 사람들, 왜 나의 날에 저렇게 놀고 있느냐?"고 탄식하셨고, 성탄절 교회들의 모습을 보여주시면서 "나를 기쁘게 하기 위한 것들이 많지 않구나. 사람들에게 보이기 위한 발표회구나"라고 하시며 우리 교회가 성탄절을 맞이하여 사람들에게 보이기 위한 행사를 전면 중단하고 이웃 초청 전도의 날로 정하여 전도하려는 것을 보시고 기뻐하신다고 말씀하셨다. 이기쁨 자매가 천국에 가서 계속 성경 인물들을 만났다고 해서 나도 성경 인물을 만나고 싶었다. 그래서 욥을 만나고 싶다고 예수님께 말하였다. 잠시 후 욥을 만났는데, 나는 욥처럼 고난 가운데에서도 승리한 믿음을 본받고 싶다고 하자 욥이 양 손바닥을 내 손바닥에 대고 고난 중에서 견디는 믿음을 전이시켜 주었다. 그리고 같이 기도하는 사람들에게 전이시켜 주라고 하였다.

03 눈을 감고 기도하는데 천사가 각 사람 위에 한 명씩 내려왔다. 천사들과 함께 지구를 떠나서 천국을 향해 가는데 자갈처럼 동글동글하게 생긴 돌들이 깔려 있는 길을 갔다. 그 길은 환하게 빛나고 있었다. 그 길에서 예수님이 기다리고 계셨다. 그 길을 가는데 에스컬레이터처럼 발이 움직이지 않아도 가는 것 같았다.

천국의 입구에 다다르니 나의 할아버지와 목사님의 아버님이 천사들과 함께 계셨다. 두분은 천국에서 하나님을 신실하게 찬양하고 계신다고 했다. 살아생전에 못 드린 예배를 드리고 있다고 했다.

예수님은 천국의 집을 보여주셨다. 집 짓는 것도 보여주셨다. 저 멀리에 성과 같이 빛나는 찬란한 집이 보였다. 성경의 위대한 사람들의 집이라고 하시면서 이 땅의 것을 바라보지 말고 하늘의 상급을 바라보라고 말씀하셨다.

그리고 지옥에 갔다. 수많은 사람들이 있었는데 마귀들이 칼로 사람들을 토막을 냈다. 그리고 동그란 벌레 같은 것을 집어 넣었다. 그 벌레가 온 몸을 돌아다닐 때 그들은 굉장히 고통스러워했다.

또 다른 모습이 보였는데 위에서 토돌토돌한 판이 내려와서 누워있는 사람들을 짓눌렀다. 그들은 토돌토돌한 판이 내려올 때마다 공포 가운데 두려워서 떨다가 판이 그들을 짓누를 때마다 그 고통으로 인해서 괴성을 지르는데 그 모습을 본 나는 너무나 끔찍하여 예수님께 "이들은 어떤 죄를 지어서 이런 형벌을 받아요?"라고 물으니 "주를 부인한 자들과 666표를 받을 사람들에게 주는 형벌이다"고 말씀하셨다.

마귀들이 현상 수배를 하는 것처럼 우리 교회 몇몇 교인들의 사진을 붙여 놓고 "어떻게 하면 이 사람이 변화되지 못하게 할까?" 하고 연구하며 계략을 꾸미고 있는 것도 보았다.

예수님은 이 사람들이 변화되지 않을 때 그 주위에 있는 사람들 또한 그렇게 될 것이라고 말씀하시면서 그들이 변화되도록 기도하라고 말씀하셨다.

04 목사님 설교에 요한 사도가 성령의 감동으로 나팔소리를 들었다고 했는데 나도 나팔소리를 듣고 싶다고 사모했다. 눈을 감고 기도하는데 계단이 펼쳐진 것이 보이고 공중에는 나팔을 든 천사들이 나팔을 부는 것이 보였다. 그리고 계단 멀리서 예수님이 보였다. 계단을 따라 올라가서 예수님과 함께 지구를

빠져나갔다. 예수님께 행성을 구경시켜달라고 하자 예수님은 바쁘시다며 천국에서 만나자고 하시곤 천사들에게 구경을 시켜주라고 하고 먼저 가셨다.

화성을 가까이에서 보았는데 물이 흘렀던 자국, 암석 등을 본 뒤 천사들과 천국에 갔다. 천국 입구에 다다르니 천사들이 "어제는 왜 안 왔느냐"고 하며 반갑게 맞아주었다. 천국에 들어가서 예수님과 함께 하나님의 보좌로 갔다. 하나님께서는 갑자기 지구본을 내게 주셨다. 그리고 "열방을 향해 나아가라. 믿음을 굳게 지켜라!"고 말씀하시면서 내 머리 위에 투명한 무엇인가를 뿌려주셨는데 마음이 새로워지는 느낌이 들었다.

그리고 예수님과 함께 바다에 갔다. 수많은 아이들을 보았는데 그 아이들이 예수님과 내게로 다가왔다. 그 아이들이 불쌍한 어린이들을 구원해달라고 내게 부탁해서 내가 꼭 전도하겠다고 약속했다. 그 아이들이 예은이와 소은이는 왜 안 왔냐고 했다.

그 후에 어둠의 골짜기를 지나서 지옥으로 갔다. 지옥에 가자마자 갑자기 내가 감옥에 갇혔다. 그러자 마귀들이 나를 둘러쌌다. 칠흑 같은 어두움에 마귀들만 보였다. 그래서 예수님의 피를 외치며 그들과 싸웠다. "예수님의 피", "성령의 불" 등을 외쳤는데 어떤 것들은 사라지기도 하고 없어지기도 했는데 사라지지 않는 것들이 있어서 "성령의 검!" 하고 외치자 내 손에 성령의 검이 쥐어져서 그것으로 그들을 죽였다. 어떤 것들은 점점 작아지기도 하고 어떤 것들은 재로 변하여 없어지기도 하였다.

그들과 싸울 때

첫째, 우리에게서 쫓겨난 마귀들이 우리 교회 연약한 성도들에게로 들어가서 마지막 발악을 하고 있고,

둘째, 오늘 중보 기도한 00자매 마음속에서 마귀가 '교회 옮기라'고 충동질하고 있다는 감동이 왔다. 그리고 그 자리를 빠져나오자 예수님이 잘했다고 칭찬해주셨다.

그리고 지옥의 형벌을 보러갔다. 큰 골짜기 안에 사람들이 누워 있었는데 공중에서 뾰족한 것이 내려와서 사람들의 사지를 사정없이 찌르고 있었다. 그들은 영의 양식을 먹지 않은 죄와 음란죄를 지은 사람들이라고 하셨다.

그리고 예수님과 같이 지옥을 나와서 바다에서 씻고 넓은 들판으로 갔다. 우리 할아버지를 만나게 해달라고 하자 초가집으로 데리고 가셨다. 그런데 할아버지는 일하러 가야 한다고 하시고 인사만 하고 가셨다. 예수님께 우리 목사님에 대하여 묻자 목사님의 영혼들을 향한 열정을 못 말린다고 하셨다. 그러면서 흐뭇해하셨다.

그 후 예수님과 같이 천국을 나와서 지구로 오는데 우리 교회가 불타고 있는 것을 보여주셨다. 그리고 이 불이 꺼지지 않고 계속 타도록 기도하라고 하셨다. 예수님은 기도하고 있는 사람들 한 사람 한 사람을 쓰다듬어주고 가셨다.

내 마음을 위로하게 해달라고 기도하자 내 영 깊은 곳에서 억눌렸던 것들이 폭발하면서 펑펑 울었다. 그러자 마음이 깨끗해지고 내 영이 발레복과 같은 옷을 입고 강대상이 있는 곳에서 "나의 사랑하는 자의 목소리 듣기 원하네~ 나의 사랑 나의 어여쁜 자야~~" 찬양하며 율동을 하고 있었다. 계단이 보이고 내 옷이 웨딩드레스로 바뀌어졌고 예수님이 옆에 서 계셨다.

예수님과 함께 큰 유람선과 같이 생긴 것을 탔다. 그런데 내 영이 다른 상황에 처한 듯했다. 왜냐하면 이전의 평안함과 즐거운 맘이 아니라 마음이 평안하지 못하고 이상해서 예수님께 못 자국을 보여 달라고 했더니 계속 안 보여주고 예수님처럼 생긴 것이 입을 맞추려고 하고 옷깃을 내리려고 해서 정신을 차려서 보니 찌그러지고 구멍 난 폐선과 같은 것을 타고 있었고 예수님이 아닌 마귀였던 것이었다.

정신을 차린 나는 "예수님의 이름으로 사단아 물러가라!"고 선포하며 마귀를 쫓은 뒤 다시 원래 배로 돌아왔다. 그곳에는 예수님께서 천사들과 함께 기다리고 계셨다. 예수님께 이전에 일어났던 일을 모두 말씀드렸더니 "모든 상황에 민감하게 반응하고 깨어 있으라"고 교훈하셨다. 즉 다시 깨달아보니 나의 현실 상황에 일어나는 것들을 영적으로 민감하게 분별한 뒤, 마귀가 자신을 광명의 천사로 가장하고 개입했을 때에는 하나님 방법으로 처리하라고 말씀하셨다.

천국에 도착하니 주님의 신부가 왔다고 환영해주었다. 수많은 천군 천사들이 보였고 예수님 손을 잡고 천국의 계단을 올라가니 하나님 보좌 앞에 다다랐다. 하나님께서 믿음을 더욱 지키고 흔들리지 말라고 말씀하셨다.

내가 예수님과 함께 어딘가를 걸어가고 있었는데 교도소 독방처럼 생긴 것이 죽 늘어선 것이 보였다. 이곳의 분위기는 음침하고 음산해서 지옥인 것을 알게 되었다.

문밖에 보이는 사람이 눈이 하나 있었다. 그런데 각 방으로 이동되어질 때마다 사람들의 신체 부위가 하나씩 없어졌다(눈, 귀, 손, 발....). 어떤 사람은 뇌에 머릿속을 고통스럽게 하는 벌레가 있었다. 이곳은 방을 이동하면서 각기 지은 죄에 대한 형벌을 받고 있는 곳이라고 하셨다. 방 뒤편의 모습도 보였다. 어둠의 산들과 이곳저곳에서 고통받는 영혼들이 보였다. 천국과 같이 지옥도 광대했다.

그 다음 방에 가보니 왕 마귀 팔에 사람이 달려있는데 마귀의 팔이 수도 없이 많아서 셀 수가 없었다. 이 세상 고위직(대통령, 사장, 회장 등) 사람들이 고통을 받고 있었다. 다른 사람들은 걸어서 이동하지만 이 사람들은 각기 다른 형벌로 재빨리 이동시키면서 조금의 쉴 틈도 없이 고통받고 있었다. 마귀의 팔이 그 몸에서 떨어져 나와도 이곳저곳 자동으로 움직이고 있었다. 내가 너무 무서워하자 예수님께서 안아주셨고 나는 이곳을 빨리 벗어나고 싶었지만 중요한 한 곳이 있다고 하시며 데리고 가셨다.

내가 아는 어떤 분이 형체를 알 수 없는 해골의 모습을 하고 있었고 온몸에 벌레가 있었고 주위에도 벌레가 있었다. 정말 큰 구렁이가 해골을 감싸고 있었다. 예수님께서 "빨리 가서 복음을 전하라!"고 영혼을 향한 간절함으로 말씀하셨다.

그리고 천국으로 다시 왔다. 예수님께서 바다에 데리고 가셔서 나를 씻겨주신 뒤 하나님의 보좌 앞으로 갔다. 하나님께서 지옥에 다녀온 내 맘이 치유되어 있지 않음을 보시고 권능의 금가루와 생명수도 뿌려주셨다. 그리고 지구본을 주시면서 "드보라야, 열방으로 나아가라!"고 말씀하셨다. 나는 "내 영이 주를 찬양합니다." 찬양을 부르며 기쁨으로 하나님을 찬양하였다. 하나님 보좌를 자세히 보니 많은 천군 천사들이 보였고 아주 크고 광대하였다. 말로 표현하지 못할 정도로…

집 짓는 곳으로 갔다. 목사님 집이 더 높이 올라갔다. 수요일 설교를 하나님께서 기뻐 받으셔서 집이 더 올라간 것임을 깨닫게 해주셨다. 내 집도 고난이 있지만 잘 이겨서 올라간 것을 보았다. 집 밖은 꽃들이 장식되어 있었다.

그리고 천군들이 있는 곳에 갔다. 군대가 셀 수 없이 많았고, 미가엘 천사장을 보았는데 너무 멋졌다. 그 풍채에 기절할 듯했다. 각각의 군대 앞에 팻말처럼 생긴 것이 있었고 이름이 새겨져 있었다. 우리 교회를 돕는 천군을 보았는데 아주 많았다.

오늘 우리 중보기도 팀이 돕는 천사를 요청해서 더 많은 천군들이 우리 교회에 들어와 지키게 됨을 보았다. 기도로 요청할 때마다 늘어나는 것이었다. 천군이 조금 있는 곳도 있는데 요청하지 않아서 그런 것이고, 그런 교회들은 고난들을 이겨낼 수 없기도 한다고 말씀하셨다.

그리고 바다로 갔다가 아이들이 많은 들판과 꽃이 있는 장소로 이동했다. 아이들이 수없이 많았다. 아이들이 내게 다가와서 자기 나라에 가서 예수님을 전해달라고 부탁했다. 예수님과 함께 돌아올 때는 많은 아이들과 천사들이 배웅하면서 또다시 오라고 했다.

06 기도하면서 기다리고 있는데 예수님께서 오셔서 계단을 따라 나를 데리고 가셨다. 계단 양쪽에는 매번 마찬가지로 천사들이 둘러 있었다.

예수님께서 우리 교회 가운데 일어나고 있는 성령의 역사를 의심하는 사람이 많은데 회개하지 않으면 어려움이 있을 것이라고 아주 근엄한 표정으로 경고하셨다. 또한 이런 일들을 의심하는 다른 사람의 말에 귀 기울이지 말라고도 하셨다.

하나님께서는 이번 일로 많이 진노하고 계심을 말씀하시며 이 세상에 살아가는 동안 성령을 훼방하는 죄를 짓는 자는 많은 고난이 있을 거라고 강하게 말씀하시며 회개하라고 다시금 말씀하셨다. 또한 어제 우리의 중보기도 가운데 많은 천군 천사들이 보내어졌다고 하셨다.

기도가 강력할수록 강한 마귀가 공격해 오니 더욱 무장되라고 말씀하셨다. 이것은 믿음의 성장을 나타내는 것이라고도 하셨다. 중보기도 때마다 뿌리는 보혈도 이제는 끝날 때뿐 아니라 시작되기 전에도 뿌리라는 감동도 주셨다.

천국에 도착하니 많은 천사들이 늘어서서 환영하는데 그 가운데 성경의 인물들도 다른 때와 다르게 많이 보였다. 내가 만난 아브라함, 욥, 솔로몬… 앞으로 많은 인물들을 개인적으로 더 만나게 될 거라고도 하셨다.

많은 천사들의 환영을 받은 후 천국을 여행하게 되었다. 예수님과 함께 하늘로 떠올라서 천국의 광활한 모습을 보는데 그것은 말로 표현 못할 만큼 정말 멋졌다. 예를 들면 캐나다나 뉴질랜드, 호주 등의 자연환경에서 볼 수 있는 바다, 절벽 등이 펼쳐졌다.

그리고 내가 가보기를 사모했던 십자가 방으로 가게 되었다. 방에는 커다란 소파가 있는데 주위에 많은 십자가가 있는 것이 보였다. 그곳에는 특별히 어마어마하게 큰 십자가가 있는데 그것은 사도 바울의 것이었다. 내 십자가에는 주변에 온통 바늘처럼 뾰족한 것이 촘촘히 있는데 이것이 내가 현재 걷고 있는 고난임을 말씀하셨다.

작은 십자가에 큰 뱀이 있는 것도 보였는데, 이것은 작은 고난도 이기지 못하고 달아난 자들에게 주는 고통이었다. 예수님께서는 우리가 포기하지 않고 십자가를 지고 가길 원하신다고 말씀하시며 고난 가운데 많은 능력도 주신다고 하셨다.

천국의 집을 짓는 모습도 보았다. 어떤 집은 잘 올라가고 천사들도 열심히 부지런히 집을 짓고 있었는데 어떤 집은 올라가지 못하고 그 옆에는 천사들이 힘없이 있는 모습도 보았다. 집을 올리기 위해 천사들이 기도하지만 주인이 듣지 못하고, 주인이 천국에 상급을 쌓고 있지 않기 때문이라고 하셨다.

그 후 지옥으로 이동되어졌는데 많은 사람들이 대기하면서 기다리는 모습이 보였고 예수님께서는 많은 사람들이 천국에 오길 바라신다고 하시며 영혼 구원에 전심하라고 말씀하셨다.

단편적인 지옥의 모습을 넘어서 이제는 이곳저곳에서 펼쳐진 형벌과 어둠의 산들이 보였다. 첫 번째로 본 형벌은 양쪽에서 무언가를 잡고 돌리는데 그 사이에는 사람이 있고 바로 꽈배기처럼 사람을 쥐어짜는 모습이 보였다. 그리고 그 사람의 중앙을 송곳 같은 뾰족한 것이 관통하고 있었다. 이것은 마음의 중심이 주님께 있지 아니한 자들에게 주어지는 형벌이었다.

그 다음에는 사람의 껍질을 벗기고 벌레를 넣고 다시 껍질을 붙이자 벌레들 때문에 고통당하는 영혼들이 보였다. 겉과 속이 다른 사람들이 받는 고난이었다. 예배시간에는 "아멘!" 하지만 믿음이 없기 때문에 세상으로 나가면 세상에 속한 사람들과 같이 사는 영혼들이 받는 고통이었다.

지옥을 나온 뒤 천국의 생명강에 데리고 가셔서 나를 여러 번 씻겨 주셨다. 강 옆에 있는 사과나무에서 사과를 따서 먹었는데 사과가 어찌나 반짝이던지 코팅된 듯하였다. 사과는 오렌지처럼 달콤하고 또 다른 단맛이 났다. 그리고 나무를 봤더니 몇 백 년 된 듯한 나무처럼 거대하고 사과가 주렁주렁 달려있었다.

그리고 들판에 갔는데 아이들을 만났다. 여러 나라의 아이들이 자기 나라에 가서 복음을 전해달라고 간절히 부탁하며 약속을 지켜달라고 했다. 그리고 한 아이가 지구본을 주며 하나님께서 나에게 전해달라고 한 것이라며 오늘은 하나님께서 주일 예배 때문에 바쁘셔서 자신이 대신 가져온 것이라고 하며 그 지구본을 안고 기도하라고 하셨다고 했다.

07 천국에 갔는데 그곳에서 나 혼자서 예수님을 찬양하고 율동을 했다. 그리고 집을 짓는 곳으로 이동해서 우리 교회 몇몇 성도들의 집을 보았는데 그 성도님들은 요즘 주님의 몸 된 교회에 마음을 두고 있지 않아서 집이 올라가고 있지 않는다고 하시며 하늘나라의 상급을 바라보라고 하셨다. 사도 바울의 집을 보았는데 멋진 성과 같았고 안으로 들어갔더니 집안이 끝이 없었다.

아이들을 만났다. 삼삼오오 모여서 성경 공부와 찬양을 하고 있었다. 아이들을 보자 어제 약속했던 영혼 구원을 위해 기도를 하지 않은 것이 생각나서 다시 울면서 그곳에서 회개했다. 그리고 하나님 보좌로 갔는데 하나님께서는 주님 일에 더욱 힘쓰고 깨어 있으라고 하시며 나를 책망하셨다.

그 후 지옥으로 가서 아이들이 형벌 받는 것을 보았다. 아이들이 달팽이 모양으로 원을 그리면서 있었고 그 주위에 흉칙한 마귀들이 서서 겁을 주고 있었다. 나뭇가지 같은 것들이 아이들에게 장난을 치고 있었는데 아이들은 공포 가운데 있었다. 난 그 모습을 보고 펑펑 울었다.

다시 천국으로 와서 강에서 씻고 하나님께 갔다. 어떻게 해야 아이들을 구원할 수 있냐고 묻자 지금 있는 곳에서 최선을 다하고 있으면 길이 보일 것이라고 하셨다.

지구본도 주셨는데 아주 컸다. 영혼 구원에 대한 강한 마음이 나에게 전해졌다. "힘을 내거라, 일어나라!"고 하셨다. 우리 목사님 얘기도 해주셨는데 목사님 사역에 기뻐하고 계시고 더욱 나아가라고 하시며 환경을 열어주실 것이라고 말씀하셨다.

바닷가에서 다시 예수님과 있는데 예수님께서 두 번이나 기름을 부어 주셨다. 예수님은 내 머리 위에 손만 들고 계셨는데 어찌나 강하던지 내가 주저앉고 말았다. 미가엘 천사장도 왔는데 우리 교회가 천군 천사를 요청해서 많이 늘어난 것을 기뻐하고 있었다.

천사들과 같이 교회로 돌아왔다. 헤어질 때 천사들이 "화이팅!"이라고 외쳐주었다. 오늘은 주일학교 교사모임, 순장모임을 빠져서 무거운 맘이 들었다. 그래서 회개를 하고 마음을 깨끗하게 해달라고 기도를 했다.

08 　다음 주부터 있는 내적 치유 세미나를 위하여 기도하는데 하늘에서 반창고, 붕대 같은 것들이 내려와서 목사님에게 임하는 것을 보았다. 아마도 내적 치유 세미나와 내적 치유 사역할 때 많은 치유의 역사가 나타날 것 같다.

09 　목사님의 기도를 받고 누웠는데 예수님께서 내 옆에 오셨다. 예수님을 보자마자 눈물이 나와서 울었다. 예수님을 오랜만에 만나서 반가워서 울고, 복음을 전하지 못해서 죄송해서 울고, 계속 울면서 예수님과 함께 올라갔다. 계속해서 울자 예수님께서 눈물을 닦아주셨다. 지구가 보이는데 어둠의 세력들이 지구를 덮고 있는 것이 보였다. 사단이 쇠사슬로 사람들을 묶고 끌고 가는 모습을 보면서 안타까워서 또 울었다.

"너희는 왜 내 마음을 모르고 서로 티격태격하고만 있느냐. 성도들이 박목사를 따라서 부지런히 달려가야 하는데, 저 영혼들을 어떻게 하란 말이냐."

"오순절 날에 갑자기 성령이 임한 것처럼 예배, 기도, 찬양할 때 등 언제 성령님이 능력으로 임하실지 모른다. 그러므로 그런 모든 시간에 참여하면서 성령님의 권능이 임하길 사모하거라. 휴거가 일어날 때 들림 받을 성도들이 많지 않으니 깨어 있도록 하여라."

천사들을 보았는데 전쟁을 앞두고 회의하는 모습이 보였다. 잠시 후 지옥에 갔는데 마귀들이 자기들의 뜻대로 세상이 돌아가고 있다고 축제가 벌어졌다. 지옥에서 형벌을 받고 있는 사람들의 모습이 보였는데 마귀가 칼로 사람들의 목을 치자 사람들의 목이 잘려져서 땅에 떨어졌다가 그 사람의 몸에 다시 붙었다 하고 있었다.

또 다른 사람들은 불 채찍에 맞으면서 고통을 받고 있었다. 영혼들이 지옥에서 받는 고통을 보면서 울고 있다가 나왔다. 울고 있는 나를 예수님께서 씻어 주시는데 영혼들을 향한 예수님의 마음이 느껴졌다.

"내 마음을 알아주는 이가 없구나! 너희들이 지체할 때가 아니니라! 속히 영혼들을 구원하거라."

찬양을 계속해서 하자 옆에 계신 목사님이 커다란 불덩이로 보여지면서 목사님 안에서 불이 부메랑 같은 모습으로 그곳 가운데 있는 사람들에게 하나둘씩 날아가는 것이 보였다. 불이 둥글지는 않았고 끝이 날카로운 부리 모양으로 보였다.

목사님이 내 머리에 안수하며 "예수님, 이 딸의 마음을 만져주세요"라고 기도할 때 큰 손이 내 가슴을 어루만지시는 것을 느꼈다. 목사님의 안수 기도 후 무엇인가가 나를 잡아끄는 것이 느껴졌고, 내 옆에 있는 사람들에게 안수 기도할 때 목사님께서 "하나님, 독수리를 보내주세요!"라고 기도하시자 사람들 앞에 커다란 독수리가 앉는 것이 보였다. 나도 독수리를 타고 갔는데 갑자기 내가 무중력 상태에 있는 것이 느껴지고 계속 일정한 공간 안에서 돌고 도는 듯한 느낌이 들었다. 그리고 화면을 보여주시며 나에게 말씀하셨다.

교회를 향한 메시지를 주셨는데…

첫 번째, 우리 교회와 하늘나라가 연결되는 영적인 통로가 있다고 말씀하셨다.

두 번째, 앞으로 우리 교회에 영적인 갈증을 느끼는 많은 사람들이 오게 될 것이라고 말씀하셨다.

세 번째, 목사님의 말씀이나 영적인 일들에 불만이나 반대하는 사람들에게는 많은 어려움이 생기게 되는 것을 보게 될 것이라고 하셨다.

네 번째, 우리 교회에 꺼지지 않은 강력한 성령의 불을 보내셔서 처음 오는 성도들도 그것을 느끼게 될 것이라고 말씀하셨다.

다섯 번째, 여리고성이 보이면서 교인들이 그곳에 군사로 있는 것이 보이며 도시(전주)를 정복할 것이라고 하셨다.

그리고 앞으로는 예전과 같은 고난은 없을 것이고 전진하게 될 것이라고 하셨는데, 누군가가 나를 향해 걸어오는 것을 보았다. 큰 시상식에서 나오는 것처럼 긴 계단을 내려오고 있었는데 목사님의 어머님이셨다. 예전과 달리 큰 날개가 양쪽에 있는 것이 보여

졌고 긴 드레스를 입고 계셨다. 목사님의 어머님께서 나에게 책을 한 권 주셨는데, 책을 받자마자 내 손이 펼쳐지고 책을 들고 있었다. 실제로 손에서 그 책의 무게를 느낄 수 있었다. 모양은 일반 책과 같았는데 빛으로 보였고 손으로 전해지자 처음과 달리 점점 커지는 것을 느낄 수 있었다. 내가 무슨 책인지 묻자 하늘의 비밀이 담겨있는 책이라고 하시면서 목사님이 받으시면 아실 것이라고 하셨다. 또 목사님의 큰 형님에 대한 말씀을 하실 때 어떤 모습이 보였는데 가족들이 '축' 쳐진 모습으로 무엇인가 걱정스러운 표정을 하고 앉아 있었다. 추석에 가시면 뭔가 일이 있을 것이라는 감동이 되어졌다.

그리고 한옥 마을과 같은 곳으로 갔는데 목사님의 아버님을 뵐 수 있었다. 반가운 모습으로 맞아주시면서 목사님 때문에 그곳에서 유명세를 타고 있다며 흡족해하셨다. 그동안 목사님께서 힘든 모든 일들을 꿋꿋이 잘 이겨내셨던 것들을 자랑스러워하셨다.

팔이 너무 아파서 눈을 뜨자마자 목사님에게 그 말씀을 드리고 책을 전해 주었는데 목사님께서 두 손을 내밀어 "이것은 지혜와 계시의 책이다!"라고 말씀하시고는 내 손위에서 가져가시자 움직이지 않았던 내 손이 가벼워지면서 무엇인가가 빠져나가는 기분이 들었다.

박찬송(중2)

01 목사님의 기도를 받고 방언으로 기도를 하며 눈을 감고 있었는데 갑자기 저기 멀리에서 반짝거리면서 누군가가 오는 모습이 보였다. 그래서 누구인지 자세히 보았더니 예수님이셨다. 예수님이 오셔서 같이 가자고 했다. 그래서 나는 좋아서 예수님 손을 잡았다. 예수님과 구름을 타고 어디론가 갔다. 앞이 너무 깜깜해서 잘 보이지 않았다. 그런데 조금 가다 보니 지옥이라는 것을 알았다. 예수님과 함께 손을 잡고 조금 가보니 많은 사람들이 한 줄로 서 있었다. 어떤 마귀가 사람들을 각각 한 사람씩 이름을 부르는데 한 사람은 뜨겁게 생긴 불구덩이로 떨어지고, 어떤 한 사람은 감옥 같은 데로 들어갔다. 그 모습을 보고 예수님께 무섭다고 하니 예수님이 내 손을 잡아주시며 같이 걸어갔는데 조금 더 가니 아주 큰, 무섭게 생긴 괴물이 보였다. 그 괴물은 이빨이 크고 아주 무섭게 생기고 음식물 찌꺼기 냄새가 났다. 너무나도

무서워서 예수님께 무섭다고 하니 예수님께서 나의 손을 잡고 계속 걸어가 주셨다.

한참을 가는데 앞에 어떤 큰 성이 보였다. 예수님과 같이 계단을 올라가서 예수님께서 큰 성의 문을 여니 큰 빛나는 식탁과 큰 나무가 보였다. 그 나무에는 희한하게도 한 나무인데 여러 가지 과일들이 같이 열려 있었다. 식탁 주위에는 반짝거리는 천사들이 있었다. 나는 배가 고파 예수님께 과일을 먹고 싶다고 했다. 그러자 예수님이 파인애플과 메론을 따서 식탁에 놓았더니 이상하게도 그 과일이 깎아져 있는 것이었다. 그래서 나는 파인애플 한 조각과 메론 한 조각을 먹었다. 그리고 식탁을 보니 쿠키가 있어 쿠키도 먹었는데 너무나 맛이 있었다. 그리고 예수님께서 그만 가자고 해서 예수님 손을 잡고 구름을 타고 교회로 돌아왔다.

02 목사님의 기도를 받고 방언으로 기도를 하고 있었는데 예수님께서 오셔서 "찬송아, 같이 가자"고 말씀하셨다. 구름을 타고 가는데 "찬송아, 왜 전도하지 않았니?"라고 말씀하셨다. 그래서 "예수님, 죄송합니다…"라고 말했다. 예수님께서는 "다음에는 꼭 전도하거라"고 말씀하셨다.

조금 가다 보니 불구덩이가 보였다 거기에는 많은 사람들이 몹시 뜨거워하고 있었다. 불구덩이 안에는 온갖 벌레들이 사람들에게 붙어 있었다. 나는 너무 무서워서 예수님의 손을 꼭 잡았다. 예수님과 계속 가다 보니 검은색으로 되어있는, 사람과 비슷한 것이 있었다. 조금 더 앞으로 가보니 마귀라는 걸 알았다. 그 마귀들이 "박목사, 이 새끼가 사람들을 자꾸 천국과 지옥을 보내서 사람들로 하여금 기도하게 만들고 전도하게 만드니 어떻게 하지?"하면서 목사님의 욕을 하고 있었다. 내가 "성령의 불"하자 불이 나와서 그 마귀들을 불태웠다.

예수님과 함께 계속 걸어가니 초록색으로 된 들판이 보였다. 들판에는 조금 큰 식물들이 있었는데 그 식물들이 예수님께 인사를 했다. 나는 '이때가 기회다' 싶어서 돌아가신 할아버지가 보고 싶다고 했다. 그러자 예수님께서 "잠깐 기다리거라"고 말씀하신 뒤 나를 놔두고 어디론가 가셨는데 잠시 후에 할아버지를 데리고 오셨다. 나를 본 할아버지께서 "찬송아, 많이 컸구나!"라고 말씀하셨다. 나는 너무 기뻐서 할아버지 품에 안겼다. 잠시 후 예수님께서 "찬송아, 이제 그만 가자"고 말씀하셔서 예수님 손을 잡고 구름을 타고 교회로 돌아왔다.

03 목사님의 기도를 받고 방언으로 기도를 하고 있는데 예수님께서 오셔서 "찬송아, 천국과 지옥에 가자"고 말씀하셨다. 나는 너무 좋아서 "네" 하고 대답했다. 예수님과 구름을 타고 지옥으로 먼저 갔다.

내 앞에는 검은색 마귀들이 있었는데 그 마귀들은 무엇을 만들고 있었다. 앞으로 가서 자세히 보니 무기를 만들고 있었다. 무기의 종류는 창과 칼 같은 것들이었다. 나는 너무 무서워서 예수님에게 얼른 가자고 재촉을 했다. 예수님과 함께 조금 걸으니 많은 마귀들이 회의를 하고 있었다. 자세히 보았더니 우리 교회에서 초청하신 김OO 목사님을 "김OO 목사 이 새끼가 온비 교회에 와서 집회를 해? 이런 죽일 놈!" 하며 욕을 하고 있었다. 나는 깜짝 놀랐다. 무서워서 나는 예수님을 재촉하여 천국에 가자고 하였다.

천국에 온 나는 예수님께 돌아가신 할머니를 보여 달라고 부탁했다. 예수님이 어딘가에 다녀오시더니 누군가를 데리고 오셨다. 나는 순간 그분이 할머니이심을 알게 되었다. 너무 기뻤다. 나는 할머니에게 "안녕하세요?" 하고 인사를 했다. 그러자 할머니께서 나를 반겨 주시며 안아주셨다.

잠시 후 예수님께서 그만 가자고 해서 나는 할 수 없이 와야만 했다. 나는 다시 예수님 손을 잡고 구름을 타고 내려왔다.

04 오늘은 예림이 누나랑 같이 갔다. 예수님께서 황금마차를 준비하셔서 예수님과 함께 타고 갔다. 천국과 지옥 문에 왔다. 누나가 지옥을 먼저 가자고 하였다. 나와 예수님은 누나의 말대로 지옥에 갔다.

지옥에는 군사 마귀와 혈기 마귀가 있었다. 나는 혈기 마귀를 처음 봤다. 혈기 마귀는 다리가 여러 개 달리고 다리 아래에는 갈고리가 있었다. 그 갈고리로 사람들을 긁어 혈기를 부리게 만든다. 예수님께서는 나에게 혈기 마귀를 조심하라고 말씀하셨다.

지옥을 빠져나온 후 천국에 들어갔다. 천국의 풀밭을 봤는데 거기에는 수많은 동물이 있었다. 사자, 토끼, 호랑이, 말 등의 동물들이 누나에게 인사를 했다. 누나도 인사를 했다. 조금 걸은 후 해변에 가니 고래와 새우와 물고기들이 있었다. 그리고 그곳에는 다윗이 있었다. 내가 다윗에게 물맷돌을 던져서 골리앗을 죽인 장면을 보여 달라고 하자 다윗이 물맷돌을 돌려 저만치 있는 물고기를 맞추었다. 너무 신기했다. 예수님께서 다시 마차를 가지고 오셔서 "돌아가자"고 말씀하셔서 교회로 돌아왔다.

05 기도를 받고 방언을 하고 있는데 강단 뒤에서 빛이 나서 나는 뛰어갔다. 예수님께서 기다리고 계셨다. 예수님과 함께 천국과 지옥문으로 갔다. 지옥문으로 들어갔는데 마귀들이 많이 있는 것이 보였다. 예수님께서는 나에게 사람들이 조상들에게 제사하는 장면을 보여주셨는데, 사람들이 절을 하며 제사를 드릴 때 마귀들은 세력이 커지는 것이 보였다.

기도를 받고 방언을 하며 누워있는데 예수님께서 황금 06 마차와 많은 천사들을 데리고 오셔서 "찬송아, 가자!"고 말씀하셨다. 예수님과 나는 뒤에 타고 앞에는 천사들이 탔다. 한참 가다 보니 천국문과 지옥문이 보였다. 그래서 나는 지옥에 가자고 하였다. 예수님께서는 내 손을 잡고 지옥으로 갔다. 지옥 앞에는 마귀들이 회의하는 모습이 보였다. 지옥에서는 우리 교회를 어떻게 공격을 할 것인가에 대한 회의를 하고 있었다.

마귀들의 말을 들어보니 사람들에게 혈기 마귀로 싸우게 만들어 예배에 오지 못하게 하려는 계획을 짜고 있었다. 마귀들이 혈기 마귀를 소집하라는 명령을 했다. 옆을 보니 혈기 마귀들이 어디선가 오고 있는 것이 보였다. 나는 혈기 마귀에게 "성령의 불" 하고 외쳤다. 그랬더니 그 마귀들이 성령의 불로 태워졌다.

그리고 마귀들이 우리 큰아빠가 구원받지 못하도록 마귀를 더 늘리려고 회의하는 것을 보았다. 예수님께서는 큰아빠 안에 있는 마귀들을 보여주시며 "빨리 구원받도록 기도하라"고 하셨다.

나는 예수님께 천국을 가자고 했다. 지옥을 빠져나와 천국 문으로 들어갔다. 조금 걸은 후 나는 예수님께 모세를 보여 달라고 했다. 그랬더니 잠시 후 모세가 왔다.

모세의 옷은 예수님과 거의 똑같은 흰옷이었다. 모세에게 지팡이를 던져 뱀이 되게 해달라고 했다. 모세가 던지니까 지팡이가 뱀으로 변했다. 나는 너무 신기했다.

예수님께서는 내가 "주여, 주여!" 부르짖으며 기도하는 것을 보셨다고 하시면서 그렇게 기도를 많이 하면 나에게도 이런 기적이 나타나는 은사들을 주신다고 하셨다. 그 후 예수님과 함께 황금마차를 타고 교회로 돌아왔다.

07 기도를 하고 있는데 예수님께서 꽃이 달린 황금마차와 천사들을 데리고 오셔서 가자고 하셨다. 나는 예수님의 손을 잡고 황금마차에 탔다. 조금 가다 보니 천국문과 지옥문이 보였다. 나는 예수님께 지옥부터 가자고 했다. 예수님께서 나의 손을 잡고 지옥문으로 들어갔다. 지옥에 가니 사람들이 많은 줄로 서 있었다. 그 사람들 앞에는 커다란 구렁이가 있었다. 마귀들이 사람들에게 앞으로 가라고 때리면 사람들이 구렁이 앞으로 갔다. 그러면 구렁이가 사람들을 잡아먹었다. 그 모습을 보고 무서웠다.

나는 예수님께 천국에 가자고 하였다. 예수님과 함께 천국에 가니 잔치를 준비하고 있었다. 나는 이게 무슨 잔치냐고 여쭈었더니, 예수님께서는 내가 찬송을 크게 하고 기도를 많이 해서 나를 위한 파티라고 했다. 나는 기분이 좋았다. 나는 예수님께 배고프다고 하니까 저기 있는 식탁에 가보라고 하셨다. 그래서 가보았더니 길이가 50m쯤 되는 식탁이 있었다. 가보았더니 온갖 음식들이 아주 많이 있었다. 나는 그 음식들을 맛있게 먹었다. 그리고 식탁 앞에는 천사들이 나팔을 불며 찬양을 하고 있었다. 그 옆에는 드럼이 있었는데 아무도 치지 않아 내가 드럼 앞에 가서 예수님께 쳐도 되냐고 물어봤더니 예수님께서는 쳐도 된다고 하셨다. 나는 천사들의 찬양에 맞춰 드럼을 치는데 너무나도 잘 쳐졌다. 드럼을 치며 찬양을 한 뒤 예수님께서 돌아가자고 말씀하셔서 나는 황금마차를 타고 교회로 돌아왔다.

08 기도를 받고 있는데 많은 천사들이 와서 천국과 지옥에 가자고 하였다. 나는 천사들과 같이 날개로 날았다. 천국문과 지옥문이 보일 때 그 앞에는 예수님이 계셨다. 나는 예수님께 인사를 했다. 예수님께서 "어디부터 갈래?"라고 물어보셔서 나는 지옥부터 가겠다고 대답했다. 지옥에 가니 마귀들이 회의를 하고 있었다. 회의 내용을 들어보니 "온비 교회를 공격하여 성도들이 다 흩어지게 만들자"는 내용이었다. 나는 화가 나서 회의를 하고 있는 마귀들을 향하여 "성령의 불" 하고 외치자 내 손에서 성령의 불이 나와서 그들을 태워버렸다.

나는 예수님께 천국에 가고 싶다고 하여서 천국에 왔다. 나는 모세를 보고 싶다고 하니 예수님께서 모세를 보여주셨는데, 모세가 나에게 기도를 해 주었다. 모세는 "너에게 믿음을 주며, 네가 많이 기도하면 하나님께서 하늘의 신령한 은혜들을 더 많이 주신다"

라고 말했다.

　기도를 마치고 예수님께서 "돌아가자"고 하셔서 모세님께 인사를 하고 교회로 돌아왔다.

　　　기도를 받고 있는데 예수님께서 오셔서 "찬송아, 같이 가자"고 말씀하셨다. 나는 예수님의 손을 잡고 천국문과 지옥문이 있는 곳으로 갔다. 나는 예수님께 지옥부터 가자고 하였다. 예수님께서 지옥문을 열고 들어가셨다. 나는 예수님께 나의 증조 할아버지가 어디 계시냐고 여쭈어 봤다. 예수님께서 나와 조금 걸은 후 어떤 할아버지를 보여주셨다. 그 할아버지를 보는 순간 나의 증조 할아버지 이심이 깨달아졌다. 마귀가 증조 할아버지의 다리에 채찍질하면서 불구덩이로 넣었다. 증조 할아버지께서는 살려달라고 나에게 애원했다. 하지만 나는 증조 할아버지를 도와 드릴 수가 없었다. 참 많이 슬펐다.

　앞을 보니 마귀들이 회의를 하고 있었다. 마귀들이 우리 교회 목사님을 집중 공격하자고 말했다. 나는 그 모습을 보고 "성령의 검" 하고 외치자 내 손에 성령의 검이 쥐어져 있었다. 나는 성령의 검으로 그 마귀들을 베어버렸다.

　나는 예수님께 천국에 가자고 하였다. 그래서 다시 지옥에서 나와 천국문을 열고 들어갔다. 천국에서 나는 예수님께 엘리사 선지자님을 보여 달라고 했다. 그러자 잠시 후 엘리사 선지자께서 나에게 오셔서 기도를 해주었다.

그리고 나는 하나님의 보좌도 보고 싶다고 하였다. 그러자 예수님께서 나를 어느 큰 계단으로 데리고 올라가시는데 나는 직감적으로 하나님의 보좌가 앞에 있다는 것을 느꼈다. 나는 조금 올라갔는데 하나님의 보좌에서 나오는 빛이 너무 강해서 눈이 아파 다시 내려와 교회로 돌아왔다

10 기도를 받고 누워있는데 천사들이 와서 나에게 천국과 지옥에 가자고 했다. 나는 천사들을 따라가 천국문과 지옥문이 있는 곳으로 갔다. 천국문과 지옥문 앞에 예수님께서 계셨다. 예수님께서 나를 반겨 주셨다. 나는 예수님께 지옥을 가자고 했다. 예수님께서는 조금 무서울 거라고 하셨다. 지옥문으로 들어갔다.

그런데 갑자기 마귀들이 나를 공격했다. 나는 성령의 검으로 마귀들과 싸웠다. 마귀들이 너무 많이 와서 도망갔는데 마귀들이 회의를 하고 있었다. 그래서 들어 봤더니 마귀들이 사람들을 집중 공격해서 한 명씩 교회에 못나오게 하려고 하고 있었다. 나는 그 마귀들에게 "성령의 불"을 외치며 그들을 향해서 손을 뻗자 내 손에서 성령의 불이 나와서 그 마귀들을 태웠다.

나는 예수님께 천국에 가자고 하였다. 예수님과 같이 손을 잡고 천국에 들어갔으며, 나는 천국에 들어가자 야곱을 보여 달라고 하

였다. 그랬더니 야곱이 와서 "네가 많이 기도하고 성경을 많이 읽으면 하나님께서 많은 지혜를 주신다"고 말하였다. 그리고 천사들이 나를 교회까지 데려다 주었다.

11　기도를 받고 누워 있는데 예수님께서 오셔서 "찬송아 가자"고 말씀하셨다. 나는 예수님의 손을 잡고 구름을 타고 천국문과 지옥문이 있는 곳으로 갔다. 예수님께서 나에게 어디부터 갈거냐고 물으셨다. 나는 지옥부터 가겠다고 했다. 나는 예수님의 손을 잡고 지옥문으로 들어갔다. 지옥은 완전 파티 분위기였다. 나는 예수님께 "예수님, 지옥이 왜 이렇게 파티 분위기예요?"라고 물었다. 예수님께서는 "그것은 성도들이 기도를 많이 하지 않아서 그렇단다."고 말씀하셨다. 나는 우리들이 기도를 하지 않으면 마귀들이 크게 기뻐한다는 것을 깨달았다.

화가 난 내가 "성령의 불!"하고 외치자 내 손에서 성령의 불이 나가서 마귀들을 태워죽였다. 나는 예수님과 지옥의 다른 곳으로 갔다. 저기 멀리 무언가가 있었다. 예수님과 함께 가보았더니 거기에는 운동장 같은 것이 있었다. 그 운동장에는 소가 있었고 또 사람을 기둥에 매달았는데 소가 그 사람들을 들이받자 소에게 받힌 사람들이 고통 가운데 소리를 지르고 있었다. 나는 예수님께 저 사람들은 무슨 죄 때문에 저런 고통을 당하느냐고 묻자, 예수님께서는

"죄를 지었는데 회개를 안 한 사람들이다"고 말씀해 주셨다. 나는 그 고통이 너무 처참해서 '죄를 지으면 반드시 꼭 회개를 해야겠다'고 마음먹었다. 그리고 예수님께 천국에 가자고 하였다.

나는 예수님께 다시 한번 하나님의 보좌를 보고 싶다고 했다. 그러자 예수님께서는 엄청 큰 성으로 데리고 가셨다. 나는 많은 계단 위에 있는 빛을 발견하고 빨리 올라갔다. 조금 올라가니까 눈이 너무나 부시고 강해서 거꾸로 굴러 떨어져버렸다. 나는 예수님의 손을 잡고 계단을 올라가서 보좌에 계신 하나님께 인사를 하고, 예수님께 할아버지를 보여 달라고 했다. 그러자 예수님께서는 할아버지가 계신 곳으로 나를 데리고 가셨다. 가보니 어떤 초가집이 있었는데 그 초가집에 할아버지가 계셨다. 할아버지가 오셔서 "찬송아, 오랜만이구나."라고 말씀하셨다. "할아버지, 안녕하셨어요?" 나는 인사를 하였다. 할아버지께서는 나에게 이런 초가집에 살지 않도록 주님께 봉사를 많이 하라고 하셨다. 나는 할아버지의 말씀을 듣고 예수님과 함께 교회로 돌아왔다.

서예인 집사

01 예수님께서 오셔서 나를 데리고 가셨는데, 나는 하얀 옷을 입고 예수님 손에 붙들린 채 올라가고 있었다. 아래를 보니 세상이 콩알만하게 보였다. 나는 '위에서 보면 별거 아닌데 저런 곳에서 어쩜 그렇게 아웅다웅하며 살고 있었을까.' 생각하면서 고개를 들었는데 찬양 소리가 들렸다. 그래서 쳐다보니까 노래하는 사람들이 일제히 우리 두 사람을 쳐다보고 부르고 있었다. 순간 '나를 보고 부르는 것이 아니고 내 손을 잡고 계신 예수님을 보고 부르는구나…' 하고 깨달았다.

그분이 조금 움직이면 그 사람들의 고개가 같이 돌아가고 있었다. 그런데 자세히 보니 그들이 찬양할 때마다 음표가 나와서 춤을 추었다. 음표들이 천사들과 같이 섞여서 춤을 추는 모습이 보여 '와, 신기하다.'고 생각하며 그냥 바라보고 있었다. 어떤 사람들이 찬양을 하고 있나 자세히 보니까 머리에는 다 금면류관을 쓰고 있었다. '와, 좋다.' 그냥 감탄만 할 따름이었다.

예수님 손에 이끌려 이번엔 지옥에 도착했다. 뜨거운 불이 삼킬 듯이 사람들을 감싸고 있었다. 너나 할 것 없이 괴성을 지르고 있었고, 마귀들이 사람들의 팔을 잘라내는데 잘라진 팔이 다시 붙었고, 다시 토막을 쳐도 다시 붙고, 그렇게 고통당하는 사람들을 보기가 너무너무 힘들었다.

'여기에 누가 와 있나.' 궁금했다. 자세히 보니까 돌아가신 외할머니, 큰 외삼촌, 한 달 전에 돌아가신 둘째 외삼촌 등 세 분이 보였다.

처음으로 내가 질문을 했다. "예수님, 우리 외할머니는 교회를 다녔는데 왜 여기 와 계세요?" 그러자 예수님께서 "교회에 다닌다고 다 천국 가는 거 아니다. 나를 진실로 믿고 영접해야 한다."고 말씀하셨다.

그리고 얼마 후 어느 넓은 벌판에 나 혼자 서 있었다. 그래서 내가 소리 질렀다. "주님, 어디 계세요? 왜 저 혼자 두셨어요?" 하니까 주님이 오셨다.

예수님께선 내 손을 잡더니 "나와 갈 데가 있다."고 하셨다. 순식간에 벌판 끝에 가 있었는데, 옛날에 시골 가면 스레트라고 했던, 그런 초라한 집이 있었다. 그래서 예수님과 내가 지붕 위에서 누가 사는 집인가 내려다보았다. 근데 안방에는 아이들 할머니가 근심에 싸인 모습으로 TV를 보고 계시고, 그 옆방에는 아이들 아빠가 돈 걱정으로 머리를 싸매고 있었고, 그 옆방에는 작은딸이 책상에 엎드려 울고 있었다. 그걸 보고 예수님이 나에게 질문을 하셨다.

"저 사람들 어떡할 거냐. 저렇게 내버려 둘거냐. 나는 네가 믿지 않은 영혼들을 하늘나라로 인도하길 원하노라. 너로 인해서 많은 영혼을 살리기를 원하노라"고 말씀하시면서 책을 한 권 펴시고 "나는 이 생명책에 너의 이름이 '진하게' 새겨지기를 원하노라"는 이 말씀을 5번도 넘게 계속하시면서 "진하게"라는 말씀에 강조를 하셨다.

02 　내가 바닥에 '철퍼덕' 앉아서 울고 있었다. 한참 울고 있으니까 예수님께서 살짝 다가와서 안아주면서 "네가 울면 나도 울고, 네가 마음이 아프면 내 마음도 아프단다." 하시면서 위로해 주셨다.

그리곤 내 손을 잡고 어디론가 데리고 가셨다. 도착하고 보니 천국에 왔음을 한 눈에 알 수 있었다. 아이들이 꽃밭에 앉아서 놀고 있는데 그 안에 어른 한 분이 계셨다. 그래서 '누구신가?' 하고 자세히 보니 돌아가신 아버지였다. 꿈에서라도 뵙고 싶었는데 볼 수 없었던 아버지. 아버지가 나를 보고 계셨다. 그래서 내가 달려가서 아버지 품에 안겼다. 안겨서 아버지에게 죄송하다고, 아버지가 그렇게 말리셨던 결혼을 내 고집으로 해서 아버지 맘 상하게 하고,

병들게 해서 너무너무 죄송하다고, 내가 돌아가시기 전에 했어야 될 말들을 12년이 지난 오늘에야 했다.

"아버지, 죄송해요. 아버지가 그렇게 반대한 결혼을 제가 고집부려 결혼해서 죄송해요. 그렇게 한 결혼인데 좋은 모습 보여드리지 못해서 죄송해요. 아버지 가슴 아프게 해드려서 죄송해요."

아버지를 돌아가시게 한 장본인이라, 원인 제공한 사람이라, 연신 "죄송해요"라는 그 말밖에 할 수가 없었다. 아버지께서는 "너희 형제를 너에게 부탁한다."고 하셨다. 아버지는 그런 날 책망하지 않으시고 "우리 이곳에서 한 사람도 빠짐없이 다시 만나자"고 말씀하셨다. 나는 너무 너무 감사했다. 한참 동안 아버지 품에 안겨서 울었다. 아버지가 2남 5녀중 내가 셋째 딸이라고 엄청 예뻐해 주셨고, 나에게 기대도 많이 하셨는데, 나는 한 번도 아버지를 기쁘게 해드리지 못한 것 같았다.

이런 모습을 옆에서 주님께서 조용히 지켜보고 계셨다. 나를 위로해 주기 위해서 주님께서 아버지를 보여주신 것 같았다. 너무 감사했다. 아버지가 천국에 계신다는 것이 너무 감사했다.

소신실 집사

01 　목사님의 기도를 받자 '붕' 뜨는 느낌이 들었다. 마치 진공청소기가 먼지를 빨아 올리듯이 위에서 나를 끌어올렸다. 그런 다음 천사가 마차 앞에 있었고, 내가 마차를 타자, 마차는 출발했다. 마차를 타고서 수많은 별들을 보고 밤하늘을 돌면서 여행하였다.

그런 다음 바닥에 빛나는 조약돌 같은 것이 깔려 있는 길에서 내렸는데 예수님이 기다리고 계시다가 걸어오시면서 안아주셨다.

바닥에 수많은 꽃들이 사방에 온통 둘려진 꽃길을 예수님과 함께 걸어갔다. 내 안에 기쁨과 즐거움이 충만했다. 나도 예수님도 큰 소리로 웃으며 여러 가지 이야기를 했다.

어제 보았던 나무가 있었고, 꽃이 있었고, 새들도 날아다녔던 동산의 시냇물에 발을 담그고 예수님과 같이 이야기를 하였다. 남편의 마음도 많이 열렸으며 일들도 잘 풀릴 것이라고 하셨다. 또 딸 소*이를 통해서 그런 일들을 이루실 것이라고 하셨다.

02 기도하다가 성령께서 강하게 임하셔서 누워있는데 천사 둘이 공중에서 날 내려다보고 있었다. 내 몸은 누워 있는데, 내 속의 또 다른 내가 '붕~' 뜨고 있었다. 예전엔 천사들과 날아가거나 날개 달린 옷을 입고 날아갔었는데, 오늘은 '붕~' 떴다, 가라앉길 몇 번이고 반복하였다. 그러기를 몇 차례 하더니 어두컴컴한 속에 연기가 자욱함을 느끼면서 지옥에 왔음을 느꼈다.

그곳에서 할머니를 만났다. 아빠가 어렸을 때 할머니가 돌아가셔서 한 번도 뵌 적이 없는데, 친할머니라고 하셨다. 길게 머리를 풀고 앉아 계셨는데, 얼굴 위로 커다란 애벌레가 얼굴을 파먹기 시작하더니, 금새 해골만 남겨졌다. 그 해골이 어느 순간 가루가 되어 떨어지더니 또다시 할머니의 모습이 보이기 시작했다. 할머니는 나에게 지옥에서 본 큰 아빠와 자기에 대해 꼭 아빠에게 전하라며 절대로 지옥에 와서는 안 된다고 하셨다. 듣든지 안 듣든지 본 것에 대해 전하라고 당부하셨다.

사실 전에 지옥에서 큰아빠의 모습을 보고 남편과 아빠에게 말한 적이 있었는데, 코웃음을 치며 믿지도, 듣지도 않으려 하셔서 그 이후로 내가 보고 경험한 것에 대해 더 이상 말하지 않았었다. 그런 나를 예수님께서 꾸짖으시며 책망하시는 것 같았다.

또 지옥에서 어떤 남자가 넓은 판에 묶여 있는데 위에서 커다란 칼들이 내려오면서 야채 다지듯이 머리끝에서 발끝까지 다져지는 것들도 보았다. 참으로 참혹한 광경이었다. 너무나 참혹한 그 모습을 보고 울자 예수님께서는 나를 천국으로 데리고 가셨다. 천국의 바다에서 깨끗이 씻겨 주신 후 천사들에게 나를 데려다주라고 하셔서 천사들의 인도함 가운데 교회로 다시 오게 되었다.

03 목사님의 기도를 받고 누워있는데 양쪽에서 천사들이 나를 강하게 일으켜 세우더니 마차를 타고 지구를 빠져나가는데 수없이 많은 별들을 보았다. 한참을 별들 속에서 돌더니 두 갈래의 길 앞에서 멈추는 것 같았다.

어디로 먼저 갈 건지 천사들이 속삭이듯 물어보는 것 같았는데, 한숨만 나올 뿐 대답하지 못하고 그냥 그 자리에 한참 동안 있었다. "천국을 먼저 보여주세요"라고 말하고 기다리고 있는데 내 앞이 환해지더니 무슨 문이 열리는 것 같으면서 그곳에서 환한 빛이 높은 곳에서 비추기 시작했다.

'아, 이제 천국에 들어가나보다.'라고 생각하는 순간 커다란 문이 닫히면서 깨어났다.

천국과 지옥 둘 중 갈 곳을 선택하라고 했을 때 빨리 선택했어야 하는데….

신앙은 결단임을 깨달았다.

04 　　지옥에 갔다. 그곳에서 새빨간 피가 가득 찬 커다란 냄비 같은 큰 그릇을 볼 수 있었는데, 그 위엔 마치 걸레를 짜듯 사람을 물기 한 방울 남기지 않은 채 비틀어 쥐어짜고 있는 모습을 보았다. 그 사람의 몸에서 뚝뚝 떨어지고 있는 건 새빨간 피였다. 신음 소리, 고함 소리, 울음 소리가 나의 가슴을 쥐어짜듯 아파오면서 나도 모르게 하염없이 소리 내어 울고 있었다. 여러 형태의 불투명하지만 섬뜩하게 생긴 귀신들이 내 눈앞을 휙휙 지나가고 있었고, 난 그곳에서 초등학교 때 같은 반 아이를 만났다.

　초등학교 3, 4학년 땐가 내 친한 친구의 짝꿍이었는데, 얼굴이 항상 하얗다 못해 창백해 있었고, 집안 형편이 어려웠던 아이다. 결석하는 횟수가 잦아 그 아이의 집에 찾아가 본 적도 있었는데, 안타깝게도 그 아이는 2학기 어느 무렵 백혈병으로 죽고 말았었다. 그런데 그 친구는 어릴 적 그 모습 그대로였는데, 예수님에 대해 들어본 적도 없었고, 어느 누구 한 사람도 교회에 가자고 한 사람도 없었다고 했다. 그래서 예수님에 대하여 듣지도 못해서 예수님을 믿을 기회도 없어서 죄로 인해 지옥에 왔다고 했다.

　세상에선 아직도 예수님을 모르고, 한 번도 들어본 적 없이 살아가는 사람들이 많음을 알려주시며 내가 해야 할 일들에 대해 다시금 일깨워주시는 것 같았다.

　하염없이 울고 있는 나를 예수님은 바다로 데리고 가셔서 머리부터 발끝까지 물을 부어 주시며 씻어 주셨다. 그리고 잠시 후 천사들의 배웅 속에 다시 교회로 돌아왔다.

주일 오후 예배가 끝날 무렵 목사님의 부름을 받고 주일학교 아이들 몇 명과 함께 강대상 앞으로 나가 기도를 하였다.

마음을 비우고 온전히 주님의 뜻을 깨닫게 해달라고 기도하고 있는데 내 앞에 하얀색의 커다란 날개를 단 말의 형상이 희미하게 보이는 것 같았다.

목사님의 기도를 받는데 환한 빛이 나의 머리부터 비취는 걸 느끼면서 쓰러지고 난 후 나의 몸이 '붕' 떠오르면서 나는 어느새 말을 타고 있었다. 말을 타고 어디론가 하염없이 한참을 날아갔는데, 내 마음이 시원해지면서 자유로워지는 걸 느꼈다. 꽤 오랫동안 말을 타고 날아가 천국에 도착했는데 예수님께서 환하게 웃으시며 반갑게 맞아주시며 배같이 생겼는데 훨씬 크고 과즙이 많은 과일을 주셔서 맛있게 먹었다.

예수님과 꽃길을 거닐었는데, 하얀 벚꽃 같은 꽃들이 마치 눈처럼 하늘에서 내렸다. 마음속에 주체할 수 없는 기쁨으로 벅차오름을 느낄 수 있었다. 꽃길을 거닐며 이런저런 말씀을 하셨는데, "선한 마음과 착한 행동도 물론 중요하지만 무엇보다도 예배를 중요하게 여기라"고 하시면서 봉사(섬김) 이전에 예배라고 하셨다. 또한 기도가 많이 부족하다고 하시면서 무시로 기도하는 것도 좋지만 시간을 정해놓고 하는 기도를 더 기뻐하신다고 하셨다. 가끔 이런저런 핑계로 예배를 소홀히 여기며 기도 생활에 게을리했던 나의 모습이 비춰지는 것 같아 부끄러우면서 죄송스러웠다.

송소망 성도

01 　　기도를 받은 뒤 성령의 강한 임재로 인해서 쓰러져 누워있는데 눈에서 눈물이 났다. 서러움이 속에서 올라왔다. 마음이 아파서 한참 동안 계속 울었다. 천국 못 갈 것 같은 마음이 들었는데 조금 후에 예수님께서 오셔서 "울지 마라, 나랑 함께 천국 가자."고 말씀하셨다.

　　"예수님 저는 천국에 가는 것보다 제 마음의 상처를 치유 받고 싶어요. 제 마음의 상처를 치유해 주세요."라고 말씀드리며 계속 울었다. 그러자 예수님께서 나를 바다로 데리고 가셨다. 바다에 가보니 아름다운 백조가 보였다. 왕관을 쓴 백조였다. 예수님께서 "백조를 보아라. 너도 저렇게 될거야"라고 말씀하시며 바닷물로 씻어 주셨다. 내 가슴에 검은 먹물 같은 것이 보였다. 예수님께서도 아무 말씀 안 하시고 같이 우시다가 나를 업어주셨다. 그리고 바다에 들어가셨다. 무릎까지 잠기는 깊이의 물까지. 그리고 나를 위로하

시면서 손에 큰 진주를 주셨다. 그래도 계속 울자 또 진주 하나를
더 주셨고, 나는 주님의 위로하심에 울음을 그쳤다.

잠시 후에 지옥의 모습을 보았다.

절구통이 있는데 그 절구통에 사람이 들어가 있었다. 마귀들이
절구 같은 것으로 사람들을 넣고 찧고 있었다. '저 사람들은 무슨
죄를 지어서 저런 고통을 당하나.' 생각했는데 '다른 사람들의 마
음에 상처 준 사람들이 저런 심판을 받는다'는 깨달음이 왔다.

02 목사님의 안수를 받았는데 부정적인 생각을 갖게 하
는 빨간 뱀이 보였다. 그리고 방울이 보였다. 방울이 울
릴 때 생각과 마음을 연합시켜서 내 생각을 부정적으로 묶는 환상
이 보였다.

'아, 나의 부정적인 생각은 내 생각이 아니라 저 빨간 뱀이 내 안
에서 나를 조종해서 그렇구나.' 하는 깨달음이 왔다.

계속 기도하는데 큰 하얀 새가 날개를 치며 내려왔다. 그 새를 타
고 높이 올라갔다. 계속해서 날아가는데 지구가 보였고 대한민국
이 크게 보였다. 우주를 빠져나왔다. 그리고 천국에 도착하였다.

예수님께서는 나를 반갑게 맞아주시면서 화관을 씌워주셨다.
그리고 하얀 옷을 입혀 주시면서 나를 "나의 거룩한 신부"라고 하
셨다.

북한과 남한을 보여주셨는데, 남한은 하얗고, 북한은 검었다. 예수님께서는 "북한을 위해 기도하라"고 하셨다.

하나님 보좌로 갔다. 주님은 하나님 보좌 앞에 흐르는 바다에서 나를 씻어 주셨다. 괴로워하는 내가 예수님께 물었다.

"예수님, 어떻게 하면 가문의 영을 이길 수 있나요? 우리 집은 가문의 영이 강해요."

그러자 예수님께서 하나님께로부터 빨간 두루마리를 받아 오셨다. 그 두루마리를 펴보시는데 그 안에 포도주병이 있었다. 예수님이 포도주병을 들고 춤을 추셨다. 덩실덩실 춤을 추시면서 "보혈에 능력이 있지, 이 포도주병을 가지고 박목사가 귀신들을 잘 쫓아낸단 말야." 하시면서 박목사님 흉내를 내고 계셨다. 예수님께서는 박목사님이 예수님의 보혈로 귀신들을 축사하는 것을 기뻐하셨다. 가문의 영을 끊고 쫓아버리는데 보혈의 능력으로 가능하다고 하시는 것 같았다.

하나님의 보좌에서 나왔는데 아브라함을 보고 싶다고 하였더니 예수님께서 아브라함을 부르셨다. 아브라함은 키가 컸다. 아브라함은 말하기를 "나는 믿음의 조상이다. 나도 믿음의 1세대였다. 나의 아버님이 하나님을 믿어서 자동적으로 믿은 것이 아니라 우리 집안에서 내가 믿음을 처음 받아들인 믿음의 1세대이다. 나는 오직 하나님 말씀을 붙잡고 전진하였다. 너희 교회에는 믿음의 1세대들이 많다. 믿음의 1세대들에게 나의 말을 전하라. 교회 안에 믿음의 1세대들에게 하나님께서 더 많이 위로해주신다. 영적으로 흔들릴 시간이 없다. 가족 구원을 위해 힘써야 하는데, 더 기도해야 하고 목사님 말씀에 순종해야 한다. 교회에서 더 훈련을 받아라. 그리고 북한을 위해서 기도하라."

백조 타고 내려왔다. 그런데 희한하게도 백조들이 날개를 치면 금가루가 떨어졌다.

예수님과 함께 지옥에 가게 되었다. 마귀들이 사람들 **03** 의 혀를 꼬챙이로 질질 끌고 다니며 장난치고 있었는데 그들은 고통 때문에 참혹한 모습을 하고 있었다. 예수님께 "저들이 누구인가?" 물었더니, "사기꾼들이다"고 말씀하셨다. 입으로 죄를 지은 사람들은 혀가 심판받는 것이었다.

또 다른 사람들이 형벌을 받는 모습을 보았는데 마귀가 사람들의 껍질을 벗기고 있었다. 그 사람들은 음란물(컴퓨터, 비디오)을 만들어 사람들을 타락시키는 죄를 지은 사람들이었다. 너무나 참혹한 모습을 보고 두려워서 "예수님, 천국에 데려가 주세요."하고 부탁하였더니 주님께서 천국에 데리고 가셔서 바닷가에서 온몸을 씻어 주신 후 지구본을 보여주셨는데, 우리 교회를 통해서 파송될 선교사들이 각 나라에 깃발을 꽂을 것을 지구본에 깃발을 꽂아놓은 것으로 보여주셨다.

"예수님, 찬양하는데 가고 싶어요."라고 말씀드리자 찬양하는 곳으로 데려다주셨다. 그런데 큰 하프가 보였다. "저것은 무엇이에요?"라고 묻자 "저것은 다윗의 악기란다."라고 말씀해 주셨다.

"예수님, 다윗을 만나보고 싶어요. 저도 찬양의 기름 부으심을 받고 싶어요." 그러자 다윗이 나타나서 찬양의 기름 부으심으로 내게 기름을 부었다.

다윗은 "나의 찬양의 기름 부으심은 고독한 가운데 주님께 기도하며 주님을 만났을 때 주님께서 기름 부어 주셨다"고 말하며 "고독할 때 찬양하고 작곡해라"고 하였다. 다윗이 그렇게 말할 때 환상이 보이는데 다윗이 혼자 양을 치고, 고난을 당하는 모습이 보였다. 다윗은 "목사님에게 다윗의 찬양의 기름 부으심이 있으니 기도를 많이 받으라"고 하였다.

그리고 목사님의 아버님을 보았다. 초가집의 마당에서 한복 같은 옷을 입고 계셨는데 환하게 웃고 계셨다. 목사님의 아버님께서는 아들과 며느리가 기도를 많이 쌓아 놓았기 때문에 교통사고로 돌아가시는 순간에 예수님께서 긴급히 천사를 보내셔서 예수님을 영접하는 기도를 알려주라고 하셔서 천사의 영접 기도를 따라 함으로써 돌아가시는 순간 구원을 받았다고 하셨다. 그러시면서 손자, 손녀들과 이 땅의 사람들이 보고 싶다고 하셨다.

예수님께서는 "그래서 중보기도가 중요하단다."라고 말씀하셨다

04 목사님의 안수를 받고 바로 천국으로 가게 되었다. 천국의 어느 창고에 갔는데 쌀가마니처럼 생긴 큰 자루에 보화들이 있었는데 어느 자루는 묶여 있고 어느 자루는 풀어져 있었다. 이 땅에서 물질을 묶어 놓으면(하나님께 드리지 않으면) 하늘의 축복의 보화들이 담겨있는 자루도 묶여 있고, 이 땅에서 물질을 풀어놓아 헌금과 구제를 위하여 드리면 하늘의 축복의 자루도 풀려진다는 깨달음이 왔다. 또 부자처럼 생각하고 살아야 물질을 풀어 놓을 수 있으며, 가난뱅이처럼 생각하면 이미 마음에서 '나는 가난해서 물질을 드릴 수가 없다'고 생각함으로써 물질이 묶여 있기 때문에 하늘에서도 묶이게 된다는 것이었다. 우리 마음속에 있는 가난의 영, 즉 내 자신이 가난하다고 생각하는 거지의 영을 쫓아내야겠다.

우리 교회에 엄청난 물질 축복을 예비해 놓으셨는데 축복권을 가지신 목사님께서 강단에서 선포할 때 물질 축복이 풀리는 것을 보았다. 그리고 성도들이 믿음으로 "아멘" 할 때 하늘의 축복이 성도들에게 점차로 임하는 것을 보았다.

이제까지는 예수님께서 온유하신 모습으로 보이고 맞아주셨는데 오늘은 용사처럼 불에 휩싸여서 계신 것을 보았다. 아마도 영적 전쟁터에 나가시는 것 같았다.

교회의 성전이 보였는데 목사님이 강단에서 말씀하시면 외부에서 모니터로 설교를 보고 들을 수 있도록 된 성전의 모습이었고, 아동부 예배실도 보였는데 아동부가 윙윙 예배를 드리기에 적합한 장소였다.

05 목사님의 기도를 받고 누워있는데 입원실이 보였다. 사람들을 보았는데 자기가 영적으로 환자임에도 불구하고 자신이 환자인 것도 모르고 정상인인 것처럼 생각하며 다른 사람들을 비판하고, 정죄하며, 간섭하고, 다른 사람들이 잘못되고 병들었다고 하고, 사람들에게 지시하고 명령하는 사람들이 보였다.

06 목사님이 기도해 주시면서 독수리가 보인다고 하시며 독수리를 타고 천국에 가도록 기도해주시자 독수리가 보였다. 큰 독수리를 타고 천국에 가자 천사가 나와서 인사를 하고. 예수님도 나오셨다. 예수님께서 어디를 가고 싶으냐고 물으셔서 선지자의 방으로 가고 싶다고 했다. 그 말을 마치자 큰 방으로 인도되었는데 선지자들의 옷들이 쭉 늘어져 있었다.

예수님께서 내게 어떤 선지자에 대해서 알고 싶냐고 하셔서 예레미야 선지자에 대해서 알고 싶다고 했더니, 예레미야 선지자의 옷을 보여주셨는데 옷이 누더기처럼 볼품이 없었다. 예수님께서 예레미야는 열방의 선지자라고 하시면서 또한 노래하는 선지자라고 하셨다.

"예레미야가 노래하는 선지자라구요?" 물었더니. 예레미야 애가를 말씀하시면서, 예레미야는 예루살렘 성읍을 노래하면서 거닐었다고 하셨다. 주님께 나도 노래하는 선지자가 되고 싶다고 하자, 앞으로 예언과 계시적 찬양을 하게 될 것이라고 말씀하셨다. 주님께 예레미야와 같이 아버지의 마음으로 기도하고 싶다고 하자 주님께서 눈물병을 내게 주셨다.

그리고 주님께서 내게 "또 궁금한 게 뭐가 있느냐?"고 물어보셔서 우리 교회 찬양팀이 세워질 텐데, 찬양팀에 대해서 궁금한 게 있다고 하자 구약시대의 찬양 인도자 아삽을 만나게 해주셨다. 아삽은 아주 멋있고 잘 생겼다는 생각이 들었다. 아삽에게 찬양팀에서 가장 중요한 것이 무엇이냐고 물었더니 두 가지를 말해 주었다. 바로 거룩과 연합이라고. 그러면서 찬양팀 내에서 아이들이 술을 절대 먹지 못하게 하라고 말하였다. 그리고 나에게 찬양의 기름 부음을 위해 기도해주었다.

신온유 성도

01   목사님의 안수를 받을 때 강력한 영적 파워가 느껴졌
다. 잠시 후 내 영혼이 나를 떠나서 천국에 갔는데 지구
를 빠져나가는 게 느껴졌다. 예수님께서 행위록을 보시면서 면류
관을 씌워주고 심판하고 계신 것이 느껴졌다. 예수님께서는 행위
에 따라 면류관 크기가 다르고 죽도록 충성하면 아주 큰 면류관을
주시겠다고 말씀하셨다.

그 다음에 지옥에 갔는데 반지의 제왕에서 수염 길게 난 사람이
깊은 계곡으로 떨어지는 장소인 곳 같이 느껴졌다. 그 밑에 수많은
사람들이 절규하고 고통스럽게 울고 있었는데 자신들을 그곳에서
꺼내 달라고 부르짖는 소리가 들렸다.

또 다른 곳에 갔는데 연구실에서 함께 공부하는 ○○양이 뱀에
싸여 고통을 당하고 있었다. 내가 예수님과 함께 걸어가는 모습을
보고 그 자매가 예수님께 호소했다.

"예수님, 온유가 제게 예수님을 전해 주지 않아서 제가 이곳에 와서 고통을 당하고 있어요."

이 말을 들은 예수님께서는 전도하지 않았던 나를 책망하시면서 성령의 권능과 능력을 받아서 무시로 힘써 전도하라고 말씀하셨다.

예수님께서는 아직 복음이 전해지지 않은 나라들이 있음을 말씀하시면서 복음이 다 전해지면 오시겠다고 말씀하셨다.

02 지옥에 갔는데 사람들이 해골 모습으로 보였다. 그런데 그들이 원으로 계속 동그랗게 줄로 매여져서 하염없이 걷고 있었다. 수많은 뱀들이 해골을 감싸고 있었다. "저들은 어떤 죄를 지어서 저런 형벌을 받나요?" 하고 묻자 "일상생활에 젖어서 예수님을 잊어버린 사람들이다"고 하셨다.

03 기도하고 있는데 예수님께서 오셔서 "함께 가자."고 말씀하셨다. 예수님 손을 잡고 지구를 지나고 우주를 지나서 천국으로 갔다. 꽃밭에 형형색색의 많은 꽃들이 펼쳐져 있었다. 가까이 가서 그 중 한 꽃을 봤는데, 꽃이 환하게 웃고 있어서 나도 웃었다.

잠시 후 예수님께서 나를 우물가로 데려가셨다. 그곳에서 목말라 하는 나에게 예수님께서 "내가 주는 물을 마시는 자는 영원히 목마르지 아니하리라."라고 말씀하셨고, 또 다른 많은 말씀들을 해주셨다. 특별히 "생각을 바꿔라. 할 수 있다고 생각해라. 할 수 있다고 생각하면 할 수 있고, 할 수 없다고 생각하면 못하느니라."라고 말씀하시며 격려해주셨다.

그 후에 집을 짓고 있는 곳으로 데려가셔서 지어지고 있는 나의 집을 보여주셨다. 아직 완성되지 않은 집을 구경하고 있는 나에게 예수님께서 "세상을 바라보지 말고 천국에 소망을 두고 사명을 감당해라."라고 말씀하셨다.

그리고 예수님께서 "보여줄 게 있다"고 말씀하시며 나를 데리고 어딘가를 가셨다.

어두운 통로를 지나서, 칠흑 같이 어두운 곳에서 한 장면을 보게 되었다. 시커먼 마귀들이 끝이 세 가닥으로 나누어진 큰 꼬챙이로 사람들을 사정없이 찌르며 용암같이 뜨거운 불 속으로 던졌다.

나는 그 모습을 보고 깜짝 놀랐으며 너무 참혹하고 무서워서 울어버렸다. 예수님께서는 울고 있는 나에게 "나를 믿지 않는 영혼들이 이곳에 오지 않도록 가서 영혼들을 구원하라"고 말씀하셨다.

마지막으로 예수님께서 끝없이 넓은 바닷가로 나를 데려가셨고, 그 물로 나의 몸을 씻겨 주신 후 다시 교회로 보내주셨다.

04 목사님께서 기도를 해주시자 성령께서 머리부터 발끝까지 만져 주시는 것을 느꼈다. 조금 후에 못 자국난 손이 나의 손을 끌었고 나는 바닷가에 있었다. 바닷가에서 예수님께서 바다 위를 걸어 보라고 하셨다. 걷다가 바다에 빠졌는데 예수님께서 끌어 올려주시며 주님만 바라보고 걷는 믿음의 중요성에 대해 말씀해 주셨다.

잠시 후 꽃밭에 갔는데 꽃밭에서 예수님과 흔들의자에 앉아 예수님께서 해주시는 말씀을 들었다. 아기천사들이 주변에서 놀다가 다가와서 간지럼을 피워서 웃었다.

예수님께서 말씀하시는 중에 지구본을 보여주셨는데 주님께서 오실 때가 얼마 남지 않았음을 말씀하시면서 10/40 창을 가리키시며 "이곳 가운데 복음이 전해지기를 원한다"고 말씀하셨다. 또한 세계 선교에 우리 교회를 사용하신다고 말씀해 주셨다.

05 목사님의 기도를 받고 누웠는데 목사님이 기도해주신대로 바로 예수님과 함께 나무 밑에서 교제하였다. 예수님께서는 "딸아, 생각에 사로잡히지 말고 말씀에 사로잡히도록 하거라."고 말씀하시면서 말씀 묵상의 중요성에 대하여 말씀하셨다.

그 후에 지옥에 갔다. 지옥에서 사람들의 목이 잘려져서 떨어졌다, 붙었다, 하는 형벌을 받고 있었다. "예수님, 저들은 어떤 죄를 지어서 저런 형벌을 받고 있는 거예요?"하고 묻자 "자살한 사람들이 받는 형벌이다"고 말씀하셨다.

조금 후 다시 천국에 왔는데 예수님께서 씻겨 주시면서 말씀하셨다.

"천국의 길은 넓은 길이 아니라 좁은 길이니라. 항상 깨어 있거라!"

06 마차가 와서 나를 천국으로 인도했다. 예수님께서는 바닷가에서 나의 몸을 씻어 주시고 특별히 입을 씻어 주셨다. 입을 씻어 주시면서 '말'의 중요성에 대해 말씀해주셨다. 그리고 정원으로 인도해 주셨다.

투명한 물에 발을 담그고 물고기가 돌아다니는 것을 구경했다. 흔들의자에서 예수님의 말씀을 들으며 즐거운 시간을 가졌다.

그러한 시간을 통해서 주님께서 위로해 주셨고, 특별히 내가 핍박 받을 때 마음 아팠던 것을 말씀드리자 주님께서는 우시면서 "내가 그 영혼들 때문에 마음이 아프다"고 말씀해주셨다.

그리고 세례 요한을 만났는데 "주님의 오실 길을 예비하며 세상보다 하나님의 나라를 더 사랑하며 나아가라"고 말해주었다.

이요안(초6)

01 기도하고 있는데 저승사자같이 생긴 것이 와서 나를 지옥으로 데리고 갔다. 지옥에 들어가는 입구에서 무슨 표를 나눠줬는데 그 표는 살면서 얼마나 많은 죄를 지었는지 심판받는 표이었다. 지옥에 들어갔는데 벌레들이 득실득실한 불 속에서 고통받고 있는 사람들이 있었다.

그리고 또 다른 방이 3개 있었다.

첫 번째 방은 예수님 믿는 사람들을 핍박했던 사람들이 대못으로 이마에 박히고 입을 철사로 꿰매는 것이 보였다.

두 번째 방은 우상에게 절을 하고 절한 음식을 먹은 사람들의 목을 뱀이 감고 입안에는 벌레들이 가득 있어 숨을 쉴 수 없는 것이 보였다.

세 번째 방은 술에 취하며 세상을 즐기던 사람들이 불 못에 던져져서 채찍으로 맞는 모습이 보였는데 그들은 두려워하면서 벌벌 떨고 있었다.

나는 깨달았다. 지옥이 얼마나 무섭고 끔찍한 곳인지. 지옥은 정말 가고 싶지 않은 곳이었다.

02 목사님께 기도를 받았는데 저만치쯤에서 예수님께서 오시더니 "같이 지옥으로 가자"고 말씀하셨다. 예수님의 손을 잡고 가는데 예수님께서 좀 위험하다고 방어막을 쳐주셨다. 지옥에 갔더니 마귀들이 사람들을 창으로 찌르고 있었다.

나는 너무 무서웠다. 내가 마귀에게 "예수 이름으로 명하노니 나쁜 마귀는 성령의 불로 태워져라!"라고 말했더니 마귀가 성령의 불로 태워졌다. 나는 그래서 너무 기뻤다. 예수님께서는 내가 마귀와 싸워서 이겼다고 나의 믿음을 칭찬해주셨다.

또 다른 곳으로 갔더니 공룡같이 생긴 것들이 사람들을 잡아먹기도 하고, 삼킨 사람들을 내뱉어 뜨거운 불이 활활 타고 있는 가마솥에 집어넣기도 했다. 그 모습을 본 나는 너무나 무서워서 절대로 지옥에 가지 않도록 예수님을 잘 믿기로 다짐을 했다.

예수님께서는 오늘은 시간이 많지 않으니 다음에 또 오라고 하신 후 교회로 보내주셨다.

03 목사님께 기도를 받고 이번엔 천국에 갔다. 천국에 가 보니 천사들이 내가 천국에 처음으로 온 것을 축하한다고 환영해주었다. 그래서 무척 기뻤고, 천사들의 나팔 소리도 들었다. 너무 아름다웠고, 이 세상에서 제일 좋은 음악이라고 느껴졌다.

예수님께 배고프다고 하니까 치킨, 피자, 수박, 딸기, 참외를 주셔서 먹었는데 너무 맛이 있었고, 이제까지 먹어 본 음식 중 제일 맛있는 음식이었다. 음식을 먹고 난 다음 예수님과 함께 지옥으로 갔다. 마귀들이 모여서 무엇인가를 하고 있었는데 가까이 가서 보니 대장 마귀가 졸병 마귀에게 사람들에게 컴퓨터를 많이 하도록 해서 죄를 짓게 만들라고 말하는 것을 보았고 또 다른 졸병 마귀에게는 아이들로 하여금 TV를 많이 봐서 죄를 짓게 하라고 말했다. 그래서 내가 "이 나쁜 마귀야, 성령의 불로 태워져라!"고 말했더니 불이 나와서 마귀들을 태우기 시작하였다. 그 모습을 본 다른 마귀들이 깜짝 놀랐다. 내가 계속해서 성령의 불로 마귀들이 태워질 것을 말하자 옆에서 보고 계시던 예수님께서는 잠시 후 "요안아, 이제 되었다. 그만 내려가자!"고 말씀하셨다. 그래서 예수님과 함께 다시 교회로 돌아왔다.

이주안(초5)

01 기도하고 있는데 예수님이 오셔서 예수님이랑 찬송이 형이랑 같이 손잡고 천국에 갔다. 천국의 꽃동산에 가서 재미있게 놀았다.

그리고 지옥에 갔는데 지옥의 불은 생각했던 것보다 엄청나게 뜨거웠다. 한 장면이 보였는데 얼굴은 새 모양이었고 몸통은 사자를 닮은 매우 큰 마귀가 큰 칼로 사람을 잘라서 야채 썰듯 잘게 잘게 자르고 있었다. 또 공룡만큼 큰 사자가 입을 벌리는데 이빨이 셀 수 없을 만큼 많았다. 그 앞에서 사람들이 무서워서 벌벌 떨고 있었다. 너무나 불쌍했다. 아빠랑 할아버지, 할머니가 생각나서 예수님께 어떻게 해야 되느냐고 여쭤보았더니 엄마랑, 누나랑, 나랑 열심히 기도하면 구원해주신다고 하셨다.

예수님이 손잡고 데려다주시며 다음에 또 오라고 하셨다.

02   지옥에 갔는데 네모난 고기 굽는 것처럼 생긴 판에다가 사람들을 굽고 있었다. 그런데 그 밑을 보니 뱀이 사람의 발목을 끌어당겨서 물었다가 났다가 이렇게 계속 반복하니 사람들이 오르락내리락 하였다.

또 사람들 몸 전체에 구더기가 기어 다녔고 또 그곳에는 몸집이 어마어마하게 큰 용이 있었다. 그 용이 하는 일은 사람들이 도망갈 때마다 쫓아가는 것이었다.

너무나 무서워서 예수님께 그만 가자고 했더니 예수님께서 "할아버지 할머니 기도 많이 해서 빨리 전도하라"고 말씀하시면서 교회로 데려다 주셨다.

03   기도하고 있는데 예수님께서 오셔서 천국에 가자고 말씀하셨다. 천국에 갔더니 수많은 천사들이 큰 목소리로 하나님을 찬양하고 있는 모습을 보여주셨다. 처음 들어보는 곡인데 감동적이었다. 또 하나님은 위대하시다는 것을 알았고 나도 큰 목소리로 하나님을 찬양해야 한다는 것을 알았다.

04 지옥에 갔더니 큰 냄비에 물을 끓이고 있었는데 다 끓으니까 마귀가 그 속에 사람들을 넣고 있었다. 나는 예수님께 저 사람들이 왜 저런 형벌을 받느냐고 물어봤더니 친구들과 싸우고 때린 사람들이라고 하셨다.

또 큰 생선 속에 사람들이 있는데 칼로 계속 찌르고 그 생선 자체를 냄비에 넣고 닳으니까 생선과 사람이 점점 녹아가고 있었다. 정말 끔찍했다. 내가 징그러워하는 모습을 보고 예수님께서 교회로 데려다주셨다.

05 기도를 하고 있는데 목사님께서 안수를 해주셨다. 목사님께서 "눈에 성령의 불!"하며 말할 때 눈이 너무 뜨거웠다. 그때 예수님께서 오셨다. 그런데 예수님이 처음으로 날개를 달아주셨다. 나는 너무 신기해서 예수님 옆에 붙어서 열심히 날개짓을 했는데 이상한 웃음소리가 들렸다. 예수님과 함께 그쪽을 향하여 갔는데, 바로 지옥이었다.

그래서 나는 도착하자마자 "성령의 검"을 외쳤는데, 큰 칼에 가시가 뾰족뾰족하게 나있는 성령의 검이었다. 그 검으로 마귀들과 열심히 싸웠다. 그런데 용 마귀가 갑자기 내 앞에 나타났다. 성령의 검으로 용 마귀의 몸통을 베었는데 안 죽어서 방언과 선포 기도로 계속 죽으라고 기도하며 싸웠더니 그제서야 죽었다.

이주영 (중1)

예수님의 손을 잡고 바로 지옥으로 갔다. 맨 처음에 간 곳은 뼈밖에 없는 여자들이 빨간 입술로 예수님을 부르짖고 자기도 천국에 한 번만 데려가 달라고 했다. 그런데 예수님께서는 아무 말 없이 눈물만 흘리셨다.

나도 한참 울자 예수님께서는 눈물을 그치고 천국으로 가자고 하셨다.

천국을 가서 그런지 예수님 얼굴이 밝아지셨다. 먼저 공기도 좋고 꽃도 예쁘고 별도 많은 데에서 예수님과 산책을 했다. 손을 잡고 걸어가는데, 1.16~18일에 내가 예수님께 찬양하고 진심으로 눈물 흘린 모습을 보고 예수님께서 감동받으셨다고 말씀하셨다.

02 　기도를 받고 조금 있다가 예수님께서 하얀 새를 타고 오셨다. 그런데 그 새는 예수님이 하시는 말씀을 알아들었다. 그래서 예수님께서 타라고 해서 타고 높이 날아올랐다. 천국 문에 도착했는데, 천사들이 문을 열면서 한 명은 나팔로, 한 명은 목소리로 "마귀들과 싸울지라"를 부르면서 나를 환영해주었다. 천국에 들어가서 키위, 파인애플, 사과, 딸기 등 여러 가지 과일들을 먹었는데 새콤달콤해서 정말 맛있었다.

　그리고 지옥에 갔는데 어두컴컴한 곳에서 비명 소리가 들렸다. 그곳을 바라보니 감자나 고구마 깎는 것 같은 것으로 사람 살 껍질을 벗기고 있었다. 정말 뼈가 다 보였다. 너무 끔찍하고 참혹스러웠다. 나는 너무나 무서워서 천국에 가고 싶다고 하자 예수님께서 천국으로 데리고 가셨다.

　다시 천국을 갔는데 보니까 구름 위였다. 그래서 예수님과 같이 징검다리 놀이를 했다. 그런데 방방보다 더 높이 뛰어져서 더 재미있었다. 징검다리 놀이를 하고 구름 위에서 내려왔더니 천국 올 때 타고 온 새가 보였다. 예수님이랑 그 새를 타고 오는데 통성기도, 방언기도, 회개기도, 감사기도를 많이 하라고 하셨다. 그러면 천국의 크고 비밀한 것을 보여주신다고 약속하셨다. 아빠 위해서 기도 많이 하라고 하셨다.

기도를 받고 예수님을 기다리는데, 예수님께서 황금
03 마차를 타고 오셨다. 그래서 진짜 예수님인지 아니면 마
귀가 변장한 것인지 알기 위하여 예수님께 못자국을 보여달라고
했는데, 예수님의 손에 못자국이 정확히 있었다.

황금마차를 타고 천국으로 갔는데 천사들이 나를 환영해주었다.
맛있는 것을 먹고 지옥에 갔는데, 마귀가 있었다. 그래서 내가 "성
령의 검"하고 외쳤는데 손에 성령의 검이 쥐어지면서 힘이 생기는
것 같았다. 그런데 나 혼자는 이기지 못해서 누가 있나 뒤를 돌아
봤더니 언제 따라왔는지 예림이 언니와 서희 언니가 있었다. 그래
서 같이 열심히 싸워서 우리가 승리했다. 그리고 저번에 봤던 해
골 마귀를 봤다. 해골 마귀가 더 강해져서 으르렁거리고 있었다.
손에 성령의 검이 쥐어져 있어서 마귀를 찔렀더니 재가 되어 없어
져 버렸다. 그러자 예수님께서 잘했다고 칭찬을 해주시고 교회로
데려다주셨다.

이진실 집사

01 임마누엘 모임 예배 때부터 예수님이 함께하고 계심을 느낄 수 있었다.

목사님이 안수하실 때 예수님이 목사님 손 위에 손을 얹으셔서 안수해주시는 것을 느낄 수 있었고 기도를 받고 누워 있는데 암을 선고받은 형부 때문에 마음 아파하는 나에게 예수님이 그것은 형부가 받아야 할 고난이라며 걱정하지 말라고 하면서 날 안아주셨다.

예수님이 내 손을 잡고 꽃밭으로 이끌어 주셨고 그곳 바위에 앉아서 주님과 여러 가지 이야기를 나눴다. 주님을 기쁘게 할 수 있는 일이 무엇인지 물었더니 영혼을 구원하는 것이라고 말씀하시며 "구원받은 영혼들이 천국에 가득한 모습을 보고 싶다"고 말씀하셨다.

어떻게 하면 주님께 더 가까이 갈 수 있냐고 물었더니 기도와 말씀 보기를 멈추지 말라고 하셨다. 내가 매일 기도하기를 기다리시는데 내가 한동안 열심히 기도하다가 자꾸 멈춰버린다고 말씀하시면서 주님께서 항상 기다리고 있다고 하셨다.

그리고 나에게 전도하기를 원하신다고 하셨는데 난 아무것도 못하는데 어떻게 전도를 하냐고 물었더니 "너는 발을 움직이고 입을 열어라 그것이면 된다. 나머지는 내가 할 것이다. 내가 너에게 강함과 담대함을 주겠다"고 말씀하셨다.

내가 바다를 보고 싶다고 말씀드렸는데 어느 순간 벌써 바닷가에 와있었다. 금빛으로 빛나는 모래알과 무지개 빛으로 빛나는 바다가 펼쳐져 있었다. 그리고 무엇인가 눈앞에 나타났는데 천국 교회임이 느껴졌는데 아주 웅장한 모습이었다.

그리고 얼마 전에 돌아가신 외삼촌이 평안한 얼굴로 흰옷을 입고 있는 모습도 보았는데 반갑다고, 너무 반갑다고 하셨다.

예수님께서 침례해 주시고 기름 부으며 안수해주신 후 돌아왔다.

02 오늘 셀장 모임을 마치고 오랜만에 목사님이 안수 기도를 해주셨다. 오늘도 목사님이 안수하실 때 예수님이 직접 안수해주심을 느낄 수 있었다. 안수하실 때부터 예수님이 "진실아, 가자." 하시며 나를 이끄셨다. 오늘은 예수님의 손을 잡고 지그재그로 하늘로 연결되어 있는 계단을 걸어 올라갔다. 예

수님이 데리고 가신 곳은 성전 앞이었다. 큰 기둥들이 여러 개 있었고 안에 들어갔더니 가운데 아주 커다란 둥근 그릇 같은 곳에 불길이 활활 타오르고 있었다.

잠시 후 그곳에서 나와서 예수님과 함께 들판으로 갔다. 들판에는 여러 가지 꽃들이 있었고 날개 달린 흰 말이 자유롭게 뛰어다니고 있었다.

성경을 잘 알지 못한 나는 생각나는 대로 성경의 인물들을 예수님께 만나게 해달라고 했다.

먼저 모세를 만났다. 모세에게 평소에 궁금했던 것을 물어보았다. 시내산에서 십계명을 받으러 갔다 왔을 때 이스라엘 백성들이 금송아지를 만들어 놓고 우상을 섬기고 있어서 자신과 함께 하나님을 따르지 않는 사람들을 모두 죽였는데 그들은 다들 같은 형제요, 민족이었는데 어떻게 죽일 수 있었는지?

모세는 자신도 마음이 무척 아팠다고 했다. 그러나 하나님과 우상을 섬겼던 그들 중 여호와 하나님을 택할 수밖에 없었다고. 하나님의 뜻이었기 때문에 그럴 수밖에 없었다고 하였다. 나는 모세의 안수 기도를 받고 이번에는 엘리사와 솔로몬을 만나 안수를 받았다. 엘리사는 자신의 옷자락을 나에게 덮고 안수해주었다.

그리고 예수님과 함께 바닷가에 갔다. 그곳에서 베드로가 했던 것처럼 나도 폭풍 가운데 예수님만 바라보며 물 위를 걸어가 보고 싶다고 했다. (저번에 해봤었는데 세 걸음 만에 물에 빠지고 말았었다.)

　예수님께서 "폭풍아, 오너라!" 하고 외치시자 바다에 폭풍이 몰아쳤다. 나는 용기를 내어 저번처럼 바다 위를 걸어갔다. 발목까지 물에 잠긴 채 조금씩 걸어가는데 점점 빠져 가더니 무릎까지 잠기게 되었다. 나도 모르게 예수님을 바라보았다. 그 순간 다시 계단을 걷는 것처럼 내 발과 몸은 물 위로 올라왔고 예수님께 다가갈 수 있었다.

　난 그때 깨달았다. 우리는 어려움에 부딪히면 그 어려움만을 바라보며 탄식한다. 그러나 주님은 그 가운데에서도 주님만을 바라보길 원하신다. 주님만을 바라볼 때, 다시 물 위를 걷게 된 것처럼, 고난에 빠지지 않고 고난 위를 걸을 수 있게 되는 것이다. 고난 속에 주님의 어떤 뜻이 있는지, 고난 속에 어떤 사랑이 숨겨져 있는지, 역경과 어려움이 닥치면 그 어려움을 보지 말고 예수님만을 바라보리라. 고난만을 바라보면 계속해서 그 고난 속으로 빠져버리고 만다. 어떠한 경우에도 예수님이 나와 함께 하신다는 것을 잊지 말아야겠다.

　예수님과 함께 보좌에 갔다. 예수님은 보좌에 앉으시고 난 찬양을 했다. "사랑합니다, 나의 예수님~ 사랑합니다, 아주 많이요~" 예수님이 웃으시며 날 살며시 안아주셨다. 나는 "예수님, 왜 저에겐 지옥을 보여주지 않으세요? 저에게도 지옥을 좀 보여주세요." 하고 졸랐다. 예수님은 가만히 웃으시며 지옥을 잠깐 보여주셨다.

두 가지를 보았는데, 어떤 둥근 큰 그릇이 있고 그 안에 뜨거운 불길이 타오르고 있었다. 처음에는 불뿐인 줄 알았는데 자세히 보니 그 안에 사람이 앉아있는데 그 사람의 형체가 불에 타면서 조금씩 타들어 가며 찌그러지고, 일그러지고 있었다. 그 사람들은 다른 이들은 돌아보지 않고 자신의 것만 챙기며 자신의 것들만 살찌우기에 바쁘게 살았던 사람들이라 하셨다.

또 다른 곳에는 손목에 족쇄를 차고 줄 서 있는 사람들이 있었는데 한 사람씩 차례로 커다란 도구에 엎드려 목이 잘려 나가고 있었다. 정말 끔찍한 모습들이었다.

예수님과 다시 천국에 돌아왔고 날개 달린 흰 말이 끄는 썰매처럼 생긴 것을 타고 돌아왔다.

요즘 성경을 열심히 쓰고 있다. 아직은 읽기만 하면 많이 읽지 못한다. 그래서 무조건 시간만 나면 연필부터 들고 성경 쓰기를 한다. 다음에 천국을 가면 주님과 더 많은 대화를 나누고 싶다.

이현신 성도

01 　어제와 같이 마차를 타고 지구를 떠났다. 넓은 바다로
갔다. 그리고 물로 온 몸을 씻었다. 그리고 성경에 나오
는 위인들을 보았다. 사도 바울, 엘리야, 엘리사, 세례요한… 그분
들과 같이 성령의 기름 부으심에 대해 이야기하였다.

　그리고 지옥에 갔다. 1,200도 이상 되는 엄청 뜨거운 곳에, 무엇
인가를 넣으면 순식간에 완전히 타버릴 것 같은 곳에, 수많은 사람
들이 그 안에 있었는데 죽지도 않고 그 불 가운데서 고통만 당하고
있었다. '저 사람들은 어떤 죄를 지어서 저런 고통을 당하고 있는
가?'하고 생각했는데 '우상을 숭배하고 이단에 빠진 사람들이 저런
고통을 당하고 있다'는 깨달음이 왔다. 우리 교회에 다니다가 이단
으로 빠져서 교회를 나간 ○○자매의 모습도 보였다. 불교를 믿는
고모, 고모 집안 식구들의 모습도 보였다.

　또 다른 사람들이 형벌을 받고 있는 모습을 보았는데 큰 새들이

사람들의 입을 쪼아 먹고 있었다. '저 사람들은 어떤 죄를 지어서 저런 고통을 당하고 있는가?'라고 생각했는데 그 사람들은 말로써 하나님을 거역하고, 말로써 사람들에게 고통과 상처를 주며 말로 범죄한 사람들이었고, 말로 성령을 훼방한 사람들이었다.

그리고 온몸이 벌레에게 갉아 먹히는 형벌을 받는 사람들의 모습도 보았다.

천국에 가서 예수님께 물었다.

"예수님, 아까 보았던 벌레에게 뜯어 먹히는 사람들은 어떤 죄를 지은 사람들이 당하는 심판인가요?"

그러자 예수님께서 "사람들을 서로 이간질하고 다른 사람들을 질투하는 죄를 지은 사람들이 받는 심판이란다"고 말씀해 주셨다.

02 지옥에 갔다. 많은 쥐들과 바퀴벌레와 지네들이 있었다. 그들 밑에 많은 사람들이 보였다. 그것들이 사람들을 괴롭혔다. 이들은 어떤 사람들이기에 이런 형벌을 받는지 물었을 때 "우상을 섬기도록 만든 사람들, 점쟁이들, 이슬람권의 지도자들, 음란을 지도하는 사람들, 불교 지도자들"이라고 하셨다.

천국에 갔다. 천국을 걸어가고 있는데 목사님의 어머님이 내게 다가오셨다. 그리곤 나를 잡고 목사님의 여동생에게 "돈에 너무 집착하지 말라. 천국을 소망하라"고 전하라고 하였다. 또 목사님의 형님을 위하여 목사님한테 기도하라고 전하라고 하셨다. 이제까지는 목사님의 어머님이 기도하셨지만 이제는 목사님이 간절히 기도해야 한다고 하셨다.

지옥에 갔는데 저번에 본, 뱀이 입안으로 들어가는 형벌을 당하는 사람들은 술을 마시거나 담배를 피거나 본드를 흡입하는 사람들이 당하는 형벌이라고 하셨다.

또 사지가 묶여 있는데 그 사지가 찢어지는 형벌을 받고 있는 사람들을 보았다. 그들은 육체로 죄를 지은 사람들이 당하는 형벌이라고 하셨다.

그리고 아주 큰 그릇에 펄펄 끓는 뜨거운 물이 들어 있는데 사람들을 그곳에 담갔다 뺐다 하는 형벌을 받는 사람들을 보았다.

또 많은 사람들이 있는데 수많은 벌레들이 그 사람들을 뼈만 제외하고 모두 갉아먹는 형벌을 받는 모습도 보았다. 그들이 뼈만 남게 되면 다시 육체가 생기고, 그러면 벌레들이 또 갉아먹고, 이런 형벌을 계속 받고 있는 모습을 보았다.

04 목사님의 안수 기도를 받고 마차를 타고 천국에 갔다. 마차 옆에는 예수님이 계셨으며 마차 뒤에는 많은 큰 천사들, 아기 천사들, 팅커벨 같은 천사들이 따라왔다. 올라가서 물 있는 곳에서 씻고 갔다.

그리고 많은 사람들이 교회로 들어오려고 하는데 방해하는 사단이 보였다. 그 사단은 머리가 7개인 용이었다. 그 용이 성도들이 교회로 오는 것을, 교회가 부흥되는 것을 막고 있었다. 교회 안에서 찬양을 하는데 악한 영들이 쫓겨나가는 것을 보았으며 동시에 기름부음이 강하게 임하는 것도 보았다. 그리고 예배 가운데 많은 영혼들이 들어오는 것이 보였다.

05 목사님의 기도를 받고 마차를 타고 천국에 갔다. 예수님께서 바다에 가서 물로 온몸을 씻겨 주신 후에 흰옷을 입히고 왕관을 씌어주셨다. 흰옷을 입은 많은 성도들이 내 주위로 몰려들어서 지상에서 온 나를 구경(?)하였다. 아브라함도 보았고, 다윗, 요셉도 보았다.

예수님께 교회 대학부를 위하여 물어보았는데 많은 대학생들이 오게 될 텐데 기도하며 준비하고 있으라고 하셨다. 또 대학부 아이들의 가정이 회복되도록 하는 사역을 하라고 하셨다. 올해에도 많은 것들을 보고, 배우고, 훈련받게 될 것이라고 말씀하셨고, 세상에서 오는 환란과 시험을 이길 힘은 말씀에서 나오니 말씀의 훈련에도 열심을 내라고 말씀하셨다. 또 중고등부 사역에 있어서도 아이들이 찬양을 통하여 주님을 만나고 기쁨이 회복되도록 준비하고 사역하라고 하셨다.

II

왜 예수님을 믿어야 할까요?

II. 왜 예수님을 믿어야 할까요?

1. 우리 모두가 죄인이기 때문에 예수님을 믿어야 합니다

성경은 '모든 사람들이 죄인이기 때문에 하나님께서 계시는 천국에 갈 수 없다'고 말하고 있습니다.

"모든 사람이 죄를 범하였으매 하나님의 영광에 이르지 못하더니" (롬3:23)

대부분의 사람들은 자신이 죄인인 것을 인정하지만 어떤 사람들은 자신이 왜 죄인이냐고 따지기도 합니다. 자신이 죄인인 것을 인정하는 사람들이나 자신이 죄인인 것을 인정하지 않는 사람들 모두가 죄의 기준을 모르고 있습니다.

1) 이 세상에서 말하는 죄의 기준과 성경이 말하는 죄의 기준이 다릅니다.

예전에 일본에 간 적이 있었는데, 우리나라에서는 자동차가 우측통행을 하고 있는데 반하여 일본에서는 자동차가 좌측통행을 하고 있었습니다. 만약 우리가 일본에서 자동차를 운전할 때 우측통행을 한다면 그 나라 법을 어기게 되어 큰 사고가 나게 되고, 범법자가 될 것입니다. 미국에서는 각 주(state)마다 법이 달라서 어떤 주(state)에서는 죄가 되지 않지만 다른 주(state)에서는 죄가 되기도 합니다. 이처럼 이 세상의 각 나라마다 법과 죄의 기준이 다르듯이, 이 세상에 말하는 죄의 기준과 성경에서 말하는 죄의 기준이 다릅니다.

2) 성경에서는 마음과 생각으로 잘못하기만 해도 죄라고 말합니다.

이 세상에서는 말과 행동으로 잘못했을 때 죄라고 하지만 성경은 마음과 생각으로 잘못하기만 해도 죄라고 말합니다. 예를 들면 이 세상에서는 육체적으로 간음을 해야 간음죄라고 하지만 성경은 음란한 마음을 품거나 생각하기만 해도 간음죄라고 말합니다.

마5:27 또 간음하지 말라 하였다는 것을 너희가 들었으나
마5:28 나는 너희에게 이르노니 음욕을 품고 여자를 보는 자마다 '마음에 이미 간음'하였느니라

왜냐하면 육체적인 간음죄는 마음과 생각에서부터 시작되기 때문입니다. 만약에 음란한 마음과 생각조차 하지 않는다면 육체적인 간음죄를 짓지 않게 되기 때문입니다. 그러므로 육체적으로 간음죄를 짓지 않았더라도 음란한 마음을 품거나 음란한 생각을 했다면 하나님 앞에 섰을 때 간음죄의 심판을 받게 됩니다.

그리고 이 세상에서는 누군가를 죽여야 살인죄라고 하지만 성경은 누군가를 미워하기만 해도 살인죄라고 말합니다.

요일3:15 그 형제를 '미워하는 자마다 살인하는 자'니 살인하는 자마다 영생이 그 속에 거하지 아니하는 것을 너희가 아는 바라

왜냐하면 남을 죽이는 살인죄는 마음의 미움에서부터 시작되기 때문입니다. 만약에 미워하는 마음과 생각조차 하지 않는다면 살인죄를 짓지 않게 될 것입니다. 그러므로 남을 죽이지 않았더라도 남을 미워

하는 마음을 품거나 생각을 했다면 하나님 앞에 섰을 때 살인죄의 심판을 받게 됩니다.

또한 실제적인 도둑질을 하지 않았더라도 남의 것을 마음과 생각으로 탐내기만 했어도 성경은 이미 마음에 도둑질 한 죄로 여깁니다.

그러므로 간음죄를 짓지 않고 사는 사람이 어디 있으며, 살인죄를 짓지 않고 사는 사람이 어디 있으며, 도둑질을 하지 않고 사는 사람이 어디 있겠습니까? 그래서 성경은 모든 사람이 죄인이라고 말하고 있는 것입니다.

2. 죽음 이후에는 죄에 대한 심판이 있기 때문에 예수님을 믿어야 합니다.

1) 죽음 이후에는 심판이 있습니다.

사람이 죽으면 모든 것이 끝날까요? 그렇지 않습니다. 누군가가 죽으면 우리는 그 사람이 "돌아가셨다"고 말합니다. 우리가 무심코 사용하는 "돌아가셨다"는 말은 깊은 진리를 담고 있습니다. 인간은 '육체+영혼'으로 되어 있는데, 하나님께서 인간의 육체는 흙으로 만드셨고, 영혼은 하늘에서 보내 주셨기 때문에 사람이 죽게 되면 인간의 육체는 흙으로 '돌아가게' 되고, 영혼은 하늘로 '돌아가서' 이 땅에서 살아가며 지은 모든 죄에 대하여 심판을 받게 됩니다.

"한번 죽는 것은 사람에게 정해진 것이요 그 후에는 심판이 있으리니"(히9:27)

물론 이 심판은, 말과 행동으로 지은 죄뿐만 아니라, 마음과 생각으로 지은 모든 죄들까지 하나하나 심판을 받게 됩니다. 세상의 법정에 서는 것만도 두렵고 떨리는 일인데, 마음과 생각으로 지은 모든 사소한 죄들까지 하나하나 심판을 받는 하나님의 법정에 서는 것은 얼마나 두렵고 떨리는 일이겠습니까?

그래서 사람들은 본능적으로 죽음을 두려워하는 것입니다.

2) 모든 사람들은 죄의 심판을 받아서 지옥에 가게 됩니다.

이 세상에서 죽는 것이 첫째 사망이라면, 지은 죄로 인해서 불과 유황으로 타는 곳에 던져지는 것이 '둘째 사망'이라고 성경은 말합니다.

"두려워하는 자들과 믿지 아니하는 자들과 흉악한 자들과 살인자들과 음행하는 자들과 점술가들과 우상 숭배자들과 거짓말하는 모든 자들은 불과 유황으로 타는 못에 던져지리니 이것이 '둘째 사망'이라" (계21:8)

"나는 너희에게 이르노니 형제에게 노하는(angry) 자마다 심판을 받게 되고 형제를 대하여 라가('텅빈', '무가치한', '우둔한', '어리석은', '멍청한'의 의미)라 하는 자는 공회에 잡혀가게 되고 미련한 놈이라 하는 자는 '지옥 불'에 들어가게 되리라" (마5:22)

죄의 심판을 받아서 지옥에 가게 되면 영원토록 고통을 받게 됩니다. 사람의 영혼은 죽음이 없습니다. 지옥의 불은 식어지거나 꺼지는 법이 없습니다. 죄로 인해서 지옥에 간 영혼들은 죽지도 못하고 영원토록 고통을 받게 됩니다.

도스토예프스키가 쓴 〈카라마조프의 형제들〉이라는 책에서 보면 지옥을 이렇게 설명했습니다. "만일 지옥에서 붙는 불이 물질에 붙는 불이라면 견디기 쉬울 것이다. 이 몸이 타는 불이라면 견디기 쉬울 것이다. 지옥의 불은 육체가 타는 곳이 아니라 우리 영혼이 알지 못하는 불에 타는 곳이라서 그것이 육신이 타는 것과는 비교가 안 되는 아픔과 괴로움을 당하게 된다."

단테가 쓴 〈신곡〉이라는 책을 보면 지옥 어귀에 이렇게 쓰여 있다고 했습니다. "이곳을 들어가는 자는 희망을 버릴지어다"

지옥은 어떤 소망도 없는 곳입니다. 단 10분의 고통도 견디기 힘든 불 못(the fiery lake of burning sulfur)에서 영원토록 고통을 받아야 한다고 생각해 보십시오. 얼마나 끔찍한 일일까요? 그렇기 때문에 지옥에서 고통받는 사람들의 참혹한 모습을 본 성도들은 너무나 괴로워하고 자신도 그런 지옥에 갈까 두려워한 것입니다.

지옥에 있는 사람들의 소원이 있다면 자신들의 혀에 물 한 방울이라도 떨어지면 좋겠다는 것이며, 자신들의 가족, 형제, 부모, 자녀들은 절대로 지옥에 오지 않는 것입니다.

"아버지 아브라함이여 나를 긍휼히 여기사 나사로를 보내어 그 손가락 끝에 물을 찍어 내 혀를 서늘하게 하소서 내가 이 불꽃 가운데서 괴로워하나이다" (눅16:24)
"저에게는 다섯 형제가 있는데 그를 보내어 그들만이라도 이 고통스러운 곳에 오지 않도록 경고해 주십시오" (눅16:28)

3. 예수님께서 나의 죄를 용서하시기 위하여 십자가에서 돌아 가셨습니다.

1) 하나님은 사랑이십니다.

자녀가 아무리 악하다 하더라도 자녀가 죽기를 바라는 부모는 없을 것입니다. 마찬가지로 사람들이 아무리 악한 죄를 짓고 살았더라도 하나님은 사람들이 죽어서 지옥에 가는 것을 기뻐하지 않으시고, 모든 사람들이 지옥에 가지 않기를 원하십니다.

"주 여호와의 말씀이니라 '내가 어찌 악인이 죽는 것을 조금인들 기뻐하랴' 그가 돌이켜 그 길에서 떠나 사는 것을 어찌 기뻐하지 아니하겠느냐" (겔18:23)

"주 여호와의 말씀이니라 '나의 삶을 두고 맹세하노니 나는 악인이 죽는 것을 기뻐하지 아니하고' 악인이 그의 길에서 돌이켜 떠나 사는 것을 기뻐하노라" (겔33:11)

"하나님은 '모든 사람이 구원을 받으며' 진리를 아는 데에 이르기를 원하시느니라" (딤전2:4)

원래 지옥은, 사람들을 보내기 위하여 만드신 것이 아니고, 마귀와 그의 졸개들인 귀신들을 심판하시기 위하여 만드셨는데, 사람들이 마귀와 짝하여 죄 가운데 살기 때문에 공의로우신 하나님께서 어쩔 수 없이 심판하시는 것입니다.

"저주를 받은 자들아 나를 떠나 마귀와 그 사자들을 위하여 예비된 영원한 불에 들어가라"(마25:41)

그렇지만 하나님은 사랑이시기 때문에 죄의 심판을 받아서 지옥의 형벌을 받아야 하는 우리들을 구원하시기 위하여 독생자 예수 그리스도를 보내주셨으며, 예수님께서는 십자가에서 못 박히시는 고통을 당하시고 죽으심으로써 우리가 받을 죄의 형벌을 대신 받으셨습니다.

만약 사랑하는 사람이 있다면 그 사람을 위하여 물질이든, 시간이든, 내가 가진 모든 것들을 아낌 없이 줄 것입니다. 그렇다면 사랑하는 사람을 위하여 줄 수 있는 최고의 것은 무엇일까요? 그것은 '목숨(생명)'을 주는 것입니다. '목숨(생명)'은 하나밖에 없기 때문입니다. 누군가에게 자신의 '목숨(생명)'까지 준다면 그것은 최고의 사랑 아니겠습니까?

우리들을 사랑하신 예수님께서 우리들에게, 그것도 죄인인 우리들에게 자신의 하나밖에 없는 '목숨(생명)'까지 주셨습니다. 죄인인 우리들을 위해서 자신의 하나밖에 없는 '목숨(생명)'까지 주셨다면 그것은 우리들을 향한 최고의 사랑 아니겠습니까?

롬5:7 의인을 위하여 죽는 자가 쉽지 않고 선인을 위하여 용감히 죽는 자가 혹 있거니와

롬5:8 우리가 아직 죄인 되었을 때에 그리스도께서 우리를 위하여 죽으심으로 하나님께서 우리에 대한 자기의 사랑을 확증하셨느니라

2) 예수님은 나를 '대신하여' 고통을 받으셨습니다.

저는 어렸을 때 도벽이 있었습니다. 아버지가 큰방에 돈을 두면 저는 은밀하게 들어가서 살짝이 가져다가 과자를 사먹곤 했습니다. 돈이 없어진 줄 아신 아버지께서는 저희 3형제를 불러서 누가 돈을 가져갔느냐고 물으셨습니다. 형님과 동생은 돈을 가져가지 않았기 때문에 "돈을 안 가져갔다"고 했고, 저는 돈을 가져갔지만 매 맞을 것이 두려워서 "돈을 안 가져갔다"고 거짓말을 했습니다. 화가 난 아버지께서는 회초리로 저희들 종아리를 때리시고는 저희들을 보내시면서 "너희들 방에 가서 누가 가져갔는지 솔직하게 이야기하라"고 했습니다. 저희 방으로 온 형님은 저와 동생에게 "누가 돈을 가져갔느냐"고 물었습니다. 동생은 정말로 가져가지 않았기 때문에 가져가지 않았다고 말했고, 저는 돈을 가져갔지만 끝까지 가져가지 않았다고 거짓말을 했습니다. 그러자 형님은 한숨을 쉬면서 "그러면 내가 가져갔다고 할테니까 그런 줄 알아라"고 말한 뒤 우리들을 데리고 아버지께 갔습니다. 아버지 앞에 간 형님은 "제가 돈을 가져갔습니다."라고 말하자 화가 나신 아버지께서는 "왜 돈을 훔쳤느냐?" "돈을 가져가 놓고 아까는 왜 거짓말을 했느냐"고 말씀하시면서 형님을 회초리로 때리셨습니다. 형님이 아버지께 회초리를 맞고 아파서 눈물을 흘리는 모습을 본 저는 괴로웠습니다. '아무 죄 없는 형님이 나를 대신하여 매를 맞는구나…' 형님은 아무 죄가 없었지만 저와 동생을 '대신하여' 매를 맞은 것입니다. 아니, 죄지은 '저를 대신하여' 매를 맞은 것입니다.

그렇습니다. 예수님께서도 아무 죄가 없으셨지만(요19:6, 히4:15) 죄인인 저와 여러분들을 '대신하여' 온 몸이 피투성이가 되도록 채찍을 맞으시고 십자가에서 피 흘려 죽으신 것입니다. 예수님께서 못박혀 죽으신 십자가는 원래 바라바라고 하는 악한 강도가 못박혀 죽어야 하는 십자가였으나(마27:26) 아무 죄가 없으신 예수님께서 그 십자가에서 못박혀 죽으심으로써 바라바가 살게 되었듯이, 우리들이 지옥에 가서 받을 형벌을 예수님께서 죄인인 우리들을 '대신하여' 십자가에서 고통을 당하시고 죽으심으로써 우리가 살 길을 얻게 된 것입니다. 그래서 성경은 예수님께서 죄인인 우리를 사랑하셔서 '대신하여 죽으셨다'고 말하고 있습니다. 죄인인 우리들이 죽어서 심판을 받아 당해야 할 고통을 예수님께서 우리들을 '대신하여' 고통을 받아 죽으셨습니다.

고후5:15 그가 모든 사람을 '대신하여' 죽으심은 살아 있는 자들로 하여금 다시는 그들 자신을 위하여 살지 않고 오직 그들을 대신하여 죽었다가 다시 살아나신 이를 위하여 살게 하려 함이라

고후5:21 하나님이 죄를 알지도 못하신 이를 우리를 '대신하여' 죄로 삼으신 것은 우리로 하여금 그 안에서 하나님의 의가 되게 하려 하심이라

딛2:14 그가 우리를 '대신하여' 자신을 주심은 모든 불법에서 우리를 속량하시고 우리를 깨끗하게 하사 선한 일을 열심히 하는 자기 백성이 되게 하려 하심이라

3) 나의 죄값은 이미 지불되었습니다.

제 아들은 어렸을 때 롤러 블레이드를 타곤 했습니다. 그런데 어느 날 전혀 모르는 전화번호로부터 전화가 와서 조심스럽게 전화를 받았는데, 전화하신 분의 이야기를 들어보니, 제 아들이 롤러 블레이드를 타고 가다가 내리막길을 만났는데 능숙하지 않은 아들이 멈추지 못하고

달리다가 내리막길 아래에 세워져 있는 자신의 차에 세게 부딪혀서 차에 손상이 가서 수리를 해야 한다는 것이었습니다. 사고를 냈지만 해결할 능력이 없는 어린 아들은 두려워서 떨면서 아빠인 저의 전화번호를 알려준 것이었습니다. 아들은 롤러 블레이드로 사고를 낼 줄만 알았지, 그 사고를 해결할 능력은 없었습니다. 그래서 저는 사고 낸 아들을 '대신하여' 차 수리비용을 지불해주었습니다. 사고는 아들이 냈지만 아들이 해결할 능력이 없었기 때문에 아들을 사랑하는 제가 '대신하여' 수리비용을 지불해 준 것입니다.

그렇습니다. 죄인인 우리들은 죄를 짓기만 할 뿐 내가 지은 모든 죄를 없이할 능력이 없을뿐더러, 더우기 다른 사람들의 죄는 더더욱 해결해줄 능력이 없습니다. 내 자신조차 내가 지은 죄로 인해 심판을 받아야 할 처지인데 어떻게 해서 다른 사람들의 죄까지 해결해 줄 수 있겠습니까? 그래서 하나님께서는 죄가 전혀 없으신 예수님을 이 땅에 보내셔서 우리들을 '대신하여' 죄의 형벌을 받게 하시고 죄값을 치루도록 해주셨습니다.

마1:21 아들을 낳으리니 이름을 예수라 하라 이는 그가 자기 백성을 그들의 죄에서 구원할 자이심이라 하니라

우리가 받아야 할 죄의 형벌을 예수님께서 '이미' 십자가에서 대신하여 받으셨고, 우리들이 치뤄야할 죄값을 예수님께서 '이미' 십자가에서 죽으심으로써 치뤄주셨습니다.

저는 제가 죄인임을 압니다. 저는 태어나면서부터 죄인이어서 누가 가르쳐주지 않아도, 말과 행동뿐 아니라, 마음과 생각으로 수많은 죄

들을 짓고 살았기 때문에 당연히 지옥에 가서 죄의 형벌을 받아야 할 존재임을 압니다. 하지만 제가 지옥에 가서 받을 형벌을 예수님께서 저를 '대신하여' 형벌을 받으시고 십자가에서 돌아가심으로써 '이미 죄값을 지불하셨기 때문에' 예수님을 믿음으로써 죄 사함(용서)을 받았습니다.

또한 예수님께서는 죄인인 여러분을 '대신하여' 형벌을 받으시고 십자가에서 돌아가심으로써 '여러분이 받아야 할 죄값을 이미 지불하셨기 때문에' 여러분이 예수님을 믿으면 여러분들도 죄 사함(용서)을 받게 됩니다.

4. 예수님을 마음에 영접하면 죄 사함을 받고 하나님의 자녀가 됩니다.

1) 예수님을 마음에 영접하면 죄 사함(용서)을 받습니다.

단순히 교회를 다니며 예배에 참석한다고 해서 죄 사함(용서)을 받는 것이 아닙니다. 교회를 다니며 봉사를 하고, 헌금을 드린다고 해서 죄 사함(용서)을 받는 것이 아닙니다. 우리들의 죄를 용서하시기 위하여 십자가에서 돌아가신 예수님을 마음에 영접할 때 죄 용서를 받고 하나님의 자녀가 됩니다. 내가 죄인임을 진실로 인정하고 나의 모든 죄를 용서하시기 위하여 십자가에서 죽으신 예수님을 마음에 영접하면 나의 모든 죄는 용서 받고 하나님의 자녀가 됩니다.

"영접하는 자 곧 그 이름을 믿는 자들에게는 하나님의 자녀가 되는 권세를 주셨으니" (요1:12)

아무리 좋은 보약이라도 내 몸 밖에 있으면 아무런 효력이 없습니다. 보약이 내 몸 안에 들어와야 보약의 효과가 내게 나타나듯이, 우리의 모든 죄를 용서하신 예수님께서 우리들 마음 밖에 계시면 아무런 일도 나타나지 않습니다. 예수님께서 나의 마음 안으로 들어오셔야 죄 사함(용서)의 효력이 나타납니다. 예수님이 내 마음 안에 들어오셔야 죄 사함(용서)의 결과인 '평안'이 내 마음에 생기게 되고, 하나님의 사랑이 내 마음에 나타나고, 하나님의 살아계심에 대한 확신이 내 마음에 나타납니다.

그러므로 죄인임을 인정하고 예수님을 당신의 마음에 영접하시기 바랍니다.

2) 예수님을 마음에 영접하면 다음과 같은 축복이 있습니다.

① 예수님께서 흘리신 피로 말미암아 죄 사함(용서)을 받게 됩니다.

마26:28 이것은 죄 사함을 얻게 하려고 많은 사람을 위하여 흘리는 바 나의 피 곧 언약의 피니라

요일1:7 그가 빛 가운데 계신 것 같이 우리도 빛 가운데 행하면 우리가 서로 사귐이 있고 그 아들 예수의 피가 우리를 모든 죄에서 깨끗하게 하실 것이요

② 하나님의 자녀가 되어 천국에 갈 권세를 얻습니다.

"영접하는 자 곧 그 이름을 믿는 자들에게는 하나님의 자녀가 되는 권세를 주셨으니" (요1:12)

"우리의 시민권은 하늘에 있는지라 거기로부터 구원하는 자 곧 주 예수 그리스도를 기다리노니" (빌3:20)

③ 지옥에 가는 심판을 받지 않습니다.

"정말 잘 들어두어라. 내 말을 듣고 나를 보내신 분을 믿는 사람은 영원한 생명을 얻을 것이다. 그 사람은 심판을 받지 않을 뿐만 아니라 이미 죽음의 세계에서 벗어나 생명의 세계로 들어섰다." (요5:24/공동번역)

④ 예수님의 이름으로 기도하면 응답을 받게 됩니다.

"지금까지는 너희가 내 이름으로 아무 것도 구하지 아니하였으나 구하라 그리하면 받으리니 너희 기쁨이 충만하리라" (요16:24)

⑤ 천사들의 섬김을 받게 됩니다.

"모든 천사들은 섬기는 영으로서 구원 받을 상속자들을 위하여 섬기라고 보내심이 아니냐" (히1:14)

⑥ 귀신들을 두려워하지 않고 오히려 귀신들을 쫓아내는 권세를 받게 됩니다.

"믿는 자들에게는 이런 표적이 따르리니 곧 그들이 내 이름으로 귀신을 쫓아내며" (막16:17)

이 외에도 수 많은 축복과 특권들이 성경에 써 있습니다.

이런 놀라운 복들을 주실뿐 아니라, 십자가에서 피 흘려 죽으심으로써 우리들의 모든 죄를 용서해주신 예수님을 믿고 싶지 않으십니까?

5. 마음에 예수님을 영접하고 죄 사함(용서)을 받아 하나님의 자녀가 되길 원하시면 다음과 같이 고백해보십시오.

여러분 자신이 마음과 생각과 말과 행동으로 수많은 죄를 지으며 살아온 죄인임을 겸손히 인정하고 예수 그리스도를 구주로 영접하여 모든 죄 사함(용서)을(를) 받고 하나님의 자녀가 되어 죄를 멀리하며 새롭게 살기를 원한다면, 아래의 기도문을 진실한 마음으로 읽으면서 고백해보시기 바랍니다. '사람이 마음으로 믿어 의에 이르고 입으로 시인하여 구원에 이르느니라(롬10:10)'고 성경은 말하고 있습니다.

당신이 진실한 마음으로 기도문을 고백할 때 예수님께서 당신의 마음속에 들어가셔서 당신의 모든 죄를 용서해주시고, 당신이 하나님의 자녀가 되어 새롭게 살 수 있도록 해 주실 것입니다.

살아계신 하나님, 저는 죄인입니다.
이제까지 제 마음대로 살면서 마음과 생각과 말과 행동으로 수많은 죄를 짓고 살았습니다.
저의 모든 죄를 회개하오니 제가 지은 모든 죄를 용서해주옵소서.
예수님께서는 저의 모든 죄를 용서해주시기 위하여 십자가에서 못 박혀 돌아가셨습니다.
저는 지금 제 마음의 문을 열고 예수님을 저의 구세주로 영접합니다.
저는 지금 제 마음의 문을 활짝 열고 예수님을 저의 모든 죄를 용서해주신 분으로 영접합니다.
지금 제 안에 들어오셔서 저의 모든 죄를 용서해주시고 하나님의 자녀로 살아가게 해 주시옵소서.

제가 모든 죄에서 떠나게 해주시고, 주님이 원하시는 사람으로 변화시
켜주옵소서.
예수님의 이름으로 기도합니다.

"영접하는 자 곧 그 이름을 믿는 자들에게는
하나님의 자녀가 되는 권세를 주셨으니"
(요1:12)

III

예수님을 믿은 사람은 어떻게
살아야 할까요?

Ⅲ. 예수님을 믿은 사람은 어떻게 살아야 할까요?

예수님을 마음에 영접하고 죄 용서를 받은 하나님의 자녀들은 다음과 같이 살아야 합니다.

1. 죄를 멀리하고 죄에서 떠나야 합니다

하나님께서는 예수님을 구주로 영접하여 하나님의 자녀가 된 사람들이 '모든 행실'에 거룩한 자가 되기를 원하십니다. '거룩'이란 '더러운 죄에서 떠나는 것'입니다.

벧전1:15 오직 너희를 부르신 거룩한 이처럼 너희도 모든 행실에 거룩한 자가 되라

벧전1:16 기록되었으되 '내가 거룩하니 너희도 거룩할지어다' 하셨느니라

'거룩'의 반대가 되는 '더러운 죄'를 성경에서는 '육체(the sinful nature)의 일'이라고 말하고 있습니다.

갈5:19 육체의 일은 분명하니 곧 음행과 더러운 것과 호색과

갈5:20 우상 숭배와 주술과 원수 맺는 것과 분쟁과 시기와 분냄과 당 짓는 것과 분열함과 이단과

갈5:21 투기와 술 취함과 방탕함과 또 그와 같은 것들이라 전에 너희에게 경계한 것 같이 경계하노니 이런 일을 하는 자들은 하나님의 나라를 유업으로 받지 못할 것이요 (개정 개역 번역)

갈5:19 육정이 빚어내는 일은 명백합니다. 곧 음행, 추행, 방탕,

갈5:20 우상 숭배, 마술, 원수 맺는 것, 싸움, 시기, 분노, 이기심, 분열, 당파심,

갈5:21 질투, 술주정, 흥청대며 먹고 마시는 것, 그 밖에 그와 비슷한 것들입니다. 내가 전에도 경고한 바 있지만 지금 또다시 경고합니다. 이런 짓을 일삼는 자들은 결코 하느님 나라를 차지하지 못할 것입니다. (공동 번역)

하나님의 자녀들은 이러한 죄를 끊고, 죄에서 떠나야 합니다. 만약 예수님을 영접했음에도 불구하고 계속해서 이런 죄 가운데 살게 되면 성경은 하나님의 나라를 유업으로 받지 못한다(갈5:21)고 말하고 있으므로 죄에서 떠나서 선한 일에 열심을 내야 합니다

딛2:14 그가 우리를 대신하여 자신을 주심은 모든 불법에서 우리를 속량하시고 우리를 깨끗하게 하사 선한 일을 열심히 하는 자기 백성이 되게 하려 하심이라

2. 죄를 지었을 때는 즉시 죄를 자백해야 합니다

우리가 죄를 짓지 않도록 굳게 마음을 먹고, 하나님께 기도를 해도 연약해서 죄를 지을 때가 있습니다. 그때는 반드시 지은 죄를 고백해야 합니다. 정직하게 죄를 고백하면 하나님께서는 우리의 죄를 용서해주시고, 죄로 인해서 더러워진 마음을 깨끗이 씻어주십니다.

요일1:9 우리가 우리의 죄를 하나님께 고백하면 진실하시고 의로우

신 하느님께서는 우리의 죄를 용서하시고 우리의 모든 불의를 깨끗이 씻어주실 것입니다. (공동번역)

그러므로 날마다 내 자신을 돌아보면서 말과 행동뿐 아니라 마음과 생각만으로도 잘못한 죄들을, 합리화하지 말고, 철저히 고백(회개)해야 합니다. 가장 좋은 고백은 죄를 지은 순간 즉시 고백하는 것입니다.

3. 매일 성경을 읽어야 합니다

제32회 미국 아카데미 시상식에서 작품상을 비롯해 남우주연상, 감독상, 촬영상 등 무려 11개 부문에서 수상함으로써 아카데미 역사상 최다 수상에 빛나는 불후의 영화 '벤허'는 1880년에 발표된 '벤허'(Ben-Hur: A Tale of the Christ)라는 소설을 영화화한 것입니다.

그렇다면 '벤허'라는 소설은 누가 썼을까요?

미국 남부에 루이스 월레스(Lewis "Lew" Wallace, 1827-1905)라는 장군이 있었는데 그는 철저한 무신론자였습니다. 그는 1827년 인디애나 주 브룩빌에서 태어나, 학창 시절부터 시와 짧은 소설들을 쓰기 시작했고, 1861년 남북전쟁 때에는 인디애나 주 연대장으로 출정해 도넬슨 전투에서 승리를 거둠으로써 국민적 영웅이 되었습니다. 남북전쟁이 끝난 후 그는 변호사로 일하며 글을 쓰기 시작했습니다. 어느 날 그는 유명한 무신론자 잉거솔(Robert G. Ingersoll) 대령을 만났는데 그는 월레스에게 "기독교의 가르침은 다 거짓말이고 쓸 데 없는 것이며, 기독교는 믿을 수 없는 거짓 종교임을 증명하는 소설을 쓰면 대단한 베스트 셀러가 될 것입니다"고 말하였습니다. 잉거솔 대령의 말에 공감한 월레스는 성경의 허구성을 철저하게 파헤쳐서 성경의 이야기가 허무맹랑한 거짓임을 밝히고, 인류를 신에게서 해방시키기로 작정했습니다.

이를 위해 그는 먼저 기독교의 기초가 되는 성경을 자세히 읽어서 거짓된 내용을 찾아내기로 하고 성경을 자세히 읽어가는데 성경을 읽으면 읽을수록 그의 마음 깊은 속에서, 그의 의지와 상관없이, 정반대의 변화가 일어나는 것을 경험했습니다. 그가 예수님을 부정하려고 하면 할수록 그의 양심은 '아니야, 그렇지 않아. 예수는 인류의 구원자이고, 성경은 진리야!'라고 부르짖는 것 같았습니다. 성경 속에서 거짓을 발견하기는커녕 도리어 성경에서 '하나님께서 인류의 죄를 용서하시기 위하여 예수님을 보내셨으며, 예수님께서는 인류의 모든 죄를 지고 십자가에서 돌아가셨다'는 진리를 발견했습니다. 결국 월레스는 하나님 말씀 앞에 무릎을 꿇고 "예수님은 나의 구원자이시고 나의 하나님이십니다!"고 고백했습니다. 기독교를 파괴할 목적으로 2년 동안 열심히 자료를 찾으며 연구하던 그는 결국 '예수님께서 그의 모든 죄를 용서하신 구원자이심'을 깨닫게 되었고, 자신이 발견한 진리를 세상 사람들에게 전하기 위하여 5년간의 광범위한 자료 조사와 집필 과정을 거쳐 1880년 《벤허》를 세상에 내보냈습니다.

기독교를 비판하려고 했던 월레스가 세계 만인의 가슴에 심금을 울린 불후의 명작 '벤허'를 쓸 수 있었던 것은 성경을 읽으면서 연구했기 때문입니다.

여러분들이 성경을 읽어야 하는 이유는, 성경이 여러분의 구원자이신 예수 그리스도에 대하여 자세히 말하고 있으며, 성경을 읽을 때 예수 그리스도를 인격적으로 만나기 때문입니다.

요5:39 너희가 성경에서 영생을 얻는 줄 생각하고 성경을 연구하거니와 이 성경이 곧 내게 대하여 증언하는 것이니라

그리고 성경은 여러분들이 이 땅에서 어떻게 살아야 하는지 수많은 '교훈'을 주며, 죄 가운데 살게 되었을 때는 '책망'하여 '바르게' 살도록 하여 '의'로운 삶을 삶으로써 온전히 성숙된 하나님의 사람이 되도록 하는데 유익하기 때문에 성경을 읽으며 살아야 합니다.

딤후3:16 모든 성경은 하나님의 감동으로 된 것으로 교훈과 책망과 바르게 함과 의로 교육하기에 유익하니
딤후3:17 이는 하나님의 사람으로 온전하게 하며 모든 선한 일을 행할 능력을 갖추게 하려 함이라

4. 기도의 삶을 살아야 합니다.

천지를 창조하신 전능하신 하나님은 우리들을 도와주시는 분이십니다.

시121:1 내가 산을 향하여 눈을 들리라 나의 도움이 어디서 올까
시121:2 나의 도움은 천지를 지으신 여호와에게서로다

하나님은 우리들이 필요한 것을 기도할 때 응답해주십니다.

요16:24 지금까지는 너희가 내 이름으로 아무 것도 구하지 아니하였으나 구하라 그리하면 받으리니 너희 기쁨이 충만하리라

때로는 살아가다 보면 큰 어려움에 처할 때도 있고, 병들어서 고통을 당할 때도 있습니다. 성경은 이 때도 하나님께서 도와주시도록 기도하라고 말합니다.

시50:15 환난 날에 나를 부르라 내가 너를 건지리니 네가 나를 영화롭게 하리로다

시34:17 의인이 부르짖으매 여호와께서 들으시고 그들의 모든 환난에서 건지셨도다

시120:1 내가 환난 중에 여호와께 부르짖었더니 내게 응답하셨도다

약5:13 너희 중에 고난 당하는 자가 있느냐 그는 기도할 것이요 즐거워하는 자가 있느냐 그는 찬송할지니라

약5:14 너희 중에 병든 자가 있느냐 그는 교회의 장로들을 청할 것이요 그들은 주의 이름으로 기름을 바르며 그를 위하여 기도할지니라

약5:15 믿음의 기도는 병든 자를 구원하리니 주께서 그를 일으키시리라 혹시 죄를 범하였을지라도 사하심을 받으리라

그리고 무엇인가를 잃어버렸을 때도 찾을 수 있도록 기도하라고 성경은 말합니다.

마7:7 구하라 그리하면 너희에게 주실 것이요 찾으라 그리하면 찾아낼 것이요 문을 두드리라 그리하면 너희에게 열릴 것이니

마7:8 구하는 이마다 받을 것이요 찾는 이는 찾아낼 것이요 두드리는 이에게는 열릴 것이니라

또한 내게 간절히 이루어지길 원하는 소원이 있을 때 그 소원이 이루어지도록 기도하라고 말합니다.

시37:4 또 여호와를 기뻐하라 그가 네 마음의 소원을 네게 이루어 주시리로다

위와 같은 상황들에서 하나님께 기도하면 하나님께로부터 기도 응답을 받게 됨으로써 하나님의 살아계심을 확실히 체험하게 되므로 기도하는 삶을 사시기 바랍니다.

5. 교회에 출석하시기 바랍니다

미국 기독교 일간지 '크리스천 헤드라인스'(Christian Headlines)는 교회에 다녀야 하는 이유 10가지를 요약해서 밝혔습니다.

① 믿음을 자라게 한다.
교회 출석은 신앙을 키우는 데 도움이 된다. 설교, 교회 사람들, 찬양 등 교회의 모든 것들은 하나님과 성경에 관해 가르치기 위해 존재하는 것이다. 그저 마음 문을 열고 교회에 나가면 믿음을 성장시키기 위해 스스로를 준비시키는 셈이다.

② 감사를 실천할 수 있다.
교회는 감사하는 마음을 갖고 이를 실천하는 데 도움이 된다. 교회의 주요한 메시지들 중 하나는 '범사에 감사하라'이기 때문이다. 일상에 익숙해진 사람들은 주변의 소중한 것들을 사소하게 혹은 당연하게

여기기 쉽다. 성경은 인간을 만든 창조주 하나님에 대한 감사, 죄를 속량하시고 구원의 길을 열어주신 예수님에 대한 감사 등 크고 작은 모든 일에 대한 감사의 태도를 강조한다. 교회에 나가게 되면 어떤 상황에서도 하나님께 감사하는 태도를 갖게 되고 이를 일상생활에서도 실천할 수 있다.

③ 인간관계를 개발시킬 수 있다.

인간은 누구도 홀로 살도록 설계되지 않았다. 사람은 좋은 인간관계를 늘 꿈꾸지만 나이를 먹을수록 인간관계가 얼마나 어려운 것인지 깨닫게 된다. 교회 출석은 다른 사람들과의 관계를 발전시키는 데 도움이 된다. 교회에 가게 되면 혼자 있을 수 없고, 누군가에게 둘러싸이는 상황이 많이 발생하게 된다. 교회 공동체는 다른 공동체와 달리 단순한 친목 활동 이상의 목표를 가지고 모인 공동체다. 교회는 실질적인 공동체를 육성하는 집단이다.

④ 부부관계를 강화시켜 준다.

'결혼 및 가정을 위한 협회'에 따르면 크리스천 미국인들은 세속적인 미국인들보다 더 행복하고 안정적인 결혼 생활을 즐기는 것으로 나타났다. 2000년부터 2006년까지 실시한 일반사회설문조사(GSS)의 분석에 의하면 만 18세에서 55세 사이의 기혼 남녀들 중 한 달에 수 차례 이상 정기적으로 교회 예배에 참석하는 사람들은 그렇지 않은 사람들보다 행복한 결혼 생활을 하고 있는 것으로 드러났다. 이러한 연구 결과는 교회가 부부로 하여금 공동의 가치를 기억하도록 상기시키고, 서로에 대한 사랑과 존중을 가르치기 때문인 것으로 풀이된다.

⑤ 평안을 느끼게 한다.

인생은 소음과 방해로 가득차 있다. 교회에서의 가르침과 예배는 복잡하고 혼란스러운 마음에 평안을 가져다 준다. 교회는 바깥 세상과 달리 고함 소리도 없고, 잔소리도 없다. 사람들은 교회에 들어가면 조용해지는 경향이 있다. 일주일 내내 갈망했던 평안을 교회에서 느낄 수 있다.

⑥ 다른 사람들을 섬길 수 있다.

남을 돕고 싶어하는 사람들이 많다. 하지만 어떻게 해야 도울 수 있는지 방법을 몰라 고민하는 경우가 종종 있다. 교회는 다른 사람들을 돕고 섬길 수 있는 일을 하기에 알맞은 곳이다. 교인들이 믿는 예수 그리스도는 하나님의 아들로서 섬김의 본보기가 되신 분이다. 그리스도를 따르는 교인들은 섬김 정신에 입각해 남을 위해 봉사하고 돕도록 장려한다.

⑦ 격려받을 수 있다.

누구에게나 인생은 힘들다. 시련은 반드시 찾아온다. 내면 속으로 홀로 깊이 들어가 싸우려 하지 말고 교회에 가 보는 게 어떨까. 교회에서 우리는 현재 매달리고 있는 싸움에 대처하는 데 필요한 격려를 받을 수 있다. 설교 말씀에서든 누군가의 친절한 조언과 말에서든 교회는 격려받기에 좋은 장소다.

⑧ 재능을 발견할 수 있다.

인생의 목적과 재능을 발견하기 위해 애쓰고 있다면 교회로 가는 게 좋다. 하나님은 한 사람도 빼놓지 않고 모두에게 특별한 재능을 주셨다. 인간은 재능을 활용해 하나님께 영광 돌릴 수 있다. 교회 공동체가 유기적으로 작동하기 위해서는 우리 모두의 독특한 재능이 요구된다.

⑨ 건강상태를 호전시킨다.

믿음과 건강의 상관관계에 관한 수많은 연구들은 교회 출석이 건강에 긍정적인 효과가 있다는 점을 지적한다. 연구들은 한결같이 '교회 신자들이 비신자들보다 평균적으로 더 오래 살고, 건강 상태도 좋다'는 데 동의한다. 또, 종교 생활을 하는 사람들은 그렇지 않은 사람들에 비해 수면의 질도 뛰어나다고 한다.

⑩ 기도 받을 수 있다.

기도가 필요하다면 교회에 가야 한다. 마음을 짓누르는 정체가 무엇이든 그 어떤 것을 놓고도 거리낌 없이 기도해주는 사람들이 교회에 있다. 교회는 교인들을 위해 기도하고 헌신하는 곳이다. 본인이 직접 하는 기도도 중요하지만 성경에는 중보기도의 효과에 대해서 분명히 강조하고 있다.

학생이 학교에 다니면서 체계적으로 공부를 배워야 성적이 향상되듯이, 예수님을 영접한 사람들은 교회를 다니면서 신앙 생활을 해야 신앙이 체계적으로 성장하게 됩니다. 아무리 활활 타오르는 나무도 혼자 두면 곧 꺼져버리고 말지만, 타오르지 않는 나무라도 난로 안에 넣으면 곧 활활 타오르게 되듯이, 아무리 믿음이 있는 사람이라도 교회에 출석하지 않고 혼자 있게 되면 그 믿음은 식어지게 되지만, 믿음이 부족하다 하더라도 교회라는 난로 속으로 들어가면 믿음이 점점 뜨거워지게 됩니다.

그러므로 반드시 교회에 출석하면서 신앙생활을 하시기 바랍니다.

정결케하소서

박요셉 사/곡

정결케 하소 서 나의 영혼 을

주님의 보혈 로 정결케 하소 서

1. 십 자 가 에 달 리 신 주 님 물 과 피 를 쏟 으 사
   죄 인 중 에 괴 수 인 나 의 모 든 죄 를 사 하 사
2. 다 섯 번 째 나 팔 불 리 면 황 충 재 앙 임 하 니
   하 나 님 의 나 팔 소 리 에 주 님 강 림 하 시 니
3. 6 6 6 표 받 게 만 드 는 대 환 난 의 시 대 에
   영 광 의 주 재 림 하 시 고 천 년 왕 국 임 할 때

모 든 죄 와 저 주 를 홀 로 감 당 하 셨 네 크 도 다
주 의 자 녀 삼 으 신 주 님 사 랑 크 도 다
하 나 님 의 인 받 아 주 님 보 호 받 으 라
신 부 예 복 입 고 서 신 랑 주 님 맞 으 라
순 교 하 는 각 오 로 표 를 거 절 하 여 라
예 수 님 과 더 불 어 천 년 통 치 하 리 라

거 룩 하 게 하 소 서 나 의 - - 영 혼 을

주 님 의 보 혈 로 거 룩 하 게 하 소 서

2. 나를 찟어 주소서 예수님의 보혈로 내영혼과 온몸을 정결하게 하소서
3. 거룩 하게 하소서 내영혼과 온몸을 예수님의 보혈로 거룩하게 하소서
4. 충만하게 하소서 나의 영혼을 주님의 영으로 충만하게 하소서

주 성령이 오셨네

박요셉 사/곡

이 책을 읽고 은혜를 받거나 감동 받으신 분들이 계시면 이 책이 더 많은 사람들에게 읽혀져서 죽은 영혼이 살아나고, 잠든 영혼이 깨어나서 거룩한 행실과 경건함 가운데 주님 오심을 준비하게 하는데 쓰임 받도록 후원해주시기 바랍니다.

  후원해주신 물질은, 이 책을 더 출판하여, 한 영혼이라도 더 구원 받아 지옥에 가지 않도록 전도하는데 사용하겠습니다.

<후원 계좌>

＊예금주 : 온누리 비전

농협 351-0987-7591-93

16명의 성도들이 보고 온

천국과 지옥

초판 인쇄 2023. 1. 2.
초판 발행 2023. 1. 12.

지은이   박요셉
펴낸이   최성열
펴낸곳   하늘빛출판사
등록   제 251-2011-38호
주소   충북 진천군 진천읍 중앙동로 16
전화   043-537-0307, 010-2284-3007
E-mail   kokoko1173@naver.com

ISBN   979-11-87175-33-9

가격 : 10000원